VISUAL

日経文庫　ビジュアル

図でわかる
会社法 第2版

柴田和史

SHIBATA KAZUFUMI

日本経済新聞出版

　本書は、好評をいただいた『ビジュアル株式会社の基本』を改題したもので、通算すると同書の第5版にあたります。第1版は、2002年に、学生や社会人をはじめとする多くの方々に、株式会社に関する法制度を苦労なく知っていただきたいと考えて執筆しました。その後、全979条の「会社法」が成立しましたので、2006年に第3版を公刊しました。第3版は、学生や社会人の方々のみならず、かつて2005年以前に、商法典のカタカナ文語体条文の下で株式会社法を勉強した多くの社会人の方々から好評をいただきました。

　書名は、そもそもは「ビジュアル」という言葉によって、図解や図説により視覚に訴えるような紙面構成であることを表明しておりましたが、現在では、あまりそのようには理解されなくなりました。そこで、難解な法律を、図解や図説で簡単明瞭に解説しているという特徴を端的に表現するために、『図でわかる会社法』という書名に変更しました。

　最近は、映画やテレビドラマ、ニュース、新聞、雑誌、さらには漫画の中などで、株式会社に関する法律用語がしばしば出てきます。例えば、取締役の責任、CEO、特別背任罪、株主代表訴訟、利益供与、粉飾決算、合併、会社分割、持株会社（ホールディングスカンパニー）、親子会社、ストックオプション、新株予約権等々です。平成26年改正では、監査等委員会設置会社、社外取締役、キャッシュアウト（株式売渡制度）、多段階代表訴訟（多重代表訴訟）等が新設されました。

　令和元年改正では、株式交付、電子提供措置、役員のための補償契約・賠償責任保険契約、社債管理補助者等が新設されました。

本書は、このようなことがらを、目で見て理解できるように図によって説明をしています。

　会社法は、取締役会、監査役会、監査役、会計参与、会計監査人、監査等委員会、3種の委員会などを設置するかしないかを個々の株式会社が自由に定めて良いとしています。しかし、本書では、それぞれが設置されるか否かを場合分けして解説するだけの紙幅の余裕がありませんので、思い切って、大会社かつ公開会社であって、取締役会、監査役会、会計監査人を設置する株式会社を解説の対象としました。なお、監査等委員会設置会社、指名委員会等設置会社につきましては、特に3項目を当てて解説しています。

　前述しましたように、商法典の「第二編会社」が全面的に改められ、その文言も条文の番号も変えられて、全979条の「会社法」が成立しましたので、2005年以前に会社法を勉強された方でも、新しい会社法は十分に理解できないのが現状です。社会人として実務に携わっている方々にとっても、本書は、会社法、平成26年改正会社法、及び、令和元年改正会社法の下での株式会社の諸制度を理解するうえで、ハンディで、かつ、要点を押さえた格好の入門書と言えます。なお、本文中の条文は、ことわりがない限り、会社法の条文です。

　本書の公刊につきましては、原稿の完成を辛抱強く待って下さり、また、随所に的確なアドバイスを戴いた日経BP日本経済新聞出版本部の平井修一氏に心からのお礼を申しあげます。また、多くの適切な意見と斬新なアイデアを提供してくれた法政大学法学部非常勤講師の笹久保徹君に感謝の意を表します。

　2021年1月

柴田　和史

目次

第 Ⅲ 章　会社の機関：**株主総会** ── 65

第 Ⅳ 章　会社の機関：**取締役、監査役** 89

第V章 資金調達、計算書類 ── 147

第VI章 企業結合、解散・清算 ── 179

第 I 章

会社の種類と設立についての法律

わが国では、現在、約250万社の株式会社が存在します。株式会社は、その内部構造の違いから、19種類に分けることができます。株式会社を利用する人達は、ニーズに応じて、その中のどれかを選択することになります。

1 会社法で定める会社とは

営利を目的とする社団であって法人であるものを言います。

現代の複雑多岐にわたる経済社会の中で、その経済活動の担い手となり中心となっているのは会社です。法律に沿って定義をしますと、会社とは、営利を目的とする社団であって、法人であるもの、つまり、営利社団法人です。

　企業が競争社会を生き抜くためには、相応の資金が必要となります。事業を個人企業形態で行う場合、その資金が不足するときは経営者個人が資金を借入れることになりますが、個人の信用には限界があります。また、経営のリスクもその全てを個人が負うことになり、個人企業は大規模になりにくいのです。リスクの分散と資金の確保のためには、個人企業よりも共同企業が適しています。そのうち、現代の複雑・多岐にわたる経済社会に対応し、その経済活動の中心となっているのは会社であり、なかでも「株式会社」が主流となっています。

　営利社団法人の「営利（＝営利性）」とは、事業活動によって得た利益を共同企業の構成員に分配する目的があることを意味します。例えば、株式会社の構成員である株主は、その会社の事業活動によって生じた利益を配当（または残余財産の分配）という形で受け取ります。営利社団法人の「社団（＝社団性）」とは、構成員の集合体のことであり、その集合体における構成員相互のつながりは、まず独立した団体がつくられ、その団体にそれぞれの構成員が加入するという方法で成り立っています。営利社団法人の「法人」とは、自然人（＝人間）以外で権利義務の帰属主体となることができるものをいいます。従って、会社は、会社自身の名前で権利を有し義務を負い、事業を行うことができます。

資金面での会社の優位性

個人企業 ← 融資限度が低い

A銀行

¥ 多額の融資が可能

社団 営利 法人

¥ 株式市場

¥ 債券市場

共同企業の形態

	特徴
民法の定める組合	民法上の契約により成立。基本的に事業は全員の名で行う。法人格はない。組合員は組合の債権者に直接・無限の責任を負う。
会社法の定める会社	営利社団法人であり、事業は会社の名で行う。法人格がある。株主及び有限責任社員は会社の債権者に一定の限度しか責任を負わない。
一般社団法人	法人格がある。社員は一般社団法人の債権者に責任を負わない。事業活動によって得た利益を社員に分配することは禁じられている。

2 会社の種類

株式会社、合名会社、合資会社、合同会社があります。

会社法が定める会社には、株式会社、合名会社、合資会社、合同会社の４種類があります。株式会社の構成員である株主および合同会社の構成員である有限責任社員は、会社債権者に対する責任額が有限ですが、合名会社の構成員である無限責任社員の会社債権者に対する責任額は無限です。

　合名会社では、会社が契約や不法行為を原因として会社の財産だけでは弁済しきれないほど多額の債務を負った場合、会社の債権者は合名会社の構成員である「無限責任社員」（商法における「社員」とは出資者のこと）の個人財産から弁済を求めることが認められます（580条）。これに対して株式会社では、同様の場合に、会社債権者は株式会社の構成員である「株主」の個人財産から弁済を求めることはできません。つまり、会社を設立しようとする者にとって、株式会社では会社の債権者に対する責任額が有限であることになり（有限責任）、合名会社では無限であることになります（無限責任）。他方、株式会社ではその設立や運営について、守らなければならない多くの厳しい規定が定められています。

　合資会社は無限責任を負う社員と有限責任を負う社員の２種類の社員からなる会社です。

　合同会社では、構成員である社員は全員が有限責任社員であり、株主と同様に会社債権者に対して有限責任を負います。

　会社法制定以前に存在していた有限会社は、特例有限会社として（整備法３条）、有限会社という文字をその商号中に用いたまま、特別の手続きを採ることなく、そのまま存続することができます（整備法２条１項）。

会社の種類と特徴

	株式会社	有限会社	合資会社	合名会社	合同会社
法人格	○	○	○	○	○
出資者の責任限定	○	○	有限責任社員 ○ / 無限責任社員 ×	×	○
直接責任か間接責任か	間接	間接	直接 / 直接	直接	間接
社員数の制限	なし	50人以下	なし	なし	なし
合計数（社）	1,042,236	1,427,697	32,746	5,939	0
構成比	41.5%	56.9%	1.3%	0.2%	0%

(2003年現在)

	株式会社	合資会社	合名会社	合同会社
合計数（社）	2,539,808	14,165	3,369	98,440
構成比	95.6%	0.5%	0.1%	3.7%

(2018年現在)

有限責任と無限責任

株主
（出資者）

A株式会社

出資の範囲内で弁済

合名会社

社員
（出資者）

B合名会社

個人の財産からも弁済を求められる

債 権 者

3 多様な株式会社

株式会社の構造は自由に設計できます。

株式会社を設立するとき、その構造を自由に設計することができます。もっとも単純な株式会社には、株主総会と1人の取締役が備わります。発起人や株式引受人は、その必要性を判断して、この単純な株式会社に取締役会、会計参与、監査役、会計監査人などを付け加えることになります。

会社法は、株式会社を設立するときに、その内部構造を自由に設計できることにしました。基本的でもっとも単純な株式会社には、株主総会と1人の取締役が備わります。そこで、発起人や株式引受人は、設立しようとする株式会社について、貸借対照表や損益計算書の作成に専門知識を有する者の協力が必要と判断すれば、会計参与を設置します。また、取締役の業務執行をチェックする機関が必要と判断すれば監査役を設置し、より強力なチェック機関が必要と判断すれば監査役会を設置します。さらに、外部の専門家による会計関係のチェック機関が必要と判断すれば会計監査人を設置します。

会社の様々な事項についていちいち株主総会の決議を必要とするのでは機動性に欠けると判断すれば、取締役会を設置します。さらに、迅速性を重視して少数の者に経営を委ね取締役会を監督監視機関として位置付けようと判断すれば、3種の委員会を設置し、指名委員会等設置会社を採用します。また、伝統的な取締役会設置会社に監査委員会制度の長所を取り込もうと判断すれば、監査等委員会設置会社を採用します。

ただし、機関の設置は完全に自由ではなく、一定の制約があります。例えば、委員会設置会社でない会社において、会計監査人を設置する会社は監査役を設置しなければなりません。なお、会社成立後は、定款変更（466条）によって各機関の設置及び廃止ができます。

株式会社の多様な機関構成

株主総会 + 取締役会 + 監査役会 + 会計監査人 + 会計参与

株主総会 + 取締役会 + 監査役会 + 会計監査人

株主総会 + 取締役会 + 三種委員会 + 会計監査人 + 会計参与

株主総会 + 取締役会 + 三種委員会 + 会計監査人

株主総会 + 取締役会 + 監査等委員会 + 会計監査人 + 会計参与

株主総会 + 取締役会 + 監査等委員会 + 会計監査人

株主総会 + 取締役会 + 監査役 + 会計監査人 + 会計参与

株主総会 + 取締役会 + 監査役 + 会計監査人

株主総会 + 取締役会 + 監査役会 + 会計参与

株主総会 + 取締役会 + 監査役会

株主総会 + 取締役会 + 会計参与

株主総会 + 取締役会 + 監査役 + 会計参与

株主総会 + 取締役会 + 監査役

株主総会 + 取締役 + 監査役 + 会計監査人 + 会計参与

株主総会 + 取締役 + 監査役 + 会計監査人

株主総会 + 取締役 + 監査役 + 会計参与

株主総会 + 取締役 + 監査役

株主総会 + 取締役 + 会計参与

株主総会 + 取締役

4 発起設立と募集設立

株式の引受方式によって異なります。

> 株式会社の設立方法には、発起設立と募集設立があります。発起設立とは、株式会社を設立する際に発行する株式の全てを発起人のみが引き受ける方法です。募集設立とは、株式会社を設立する際に発行する株式の全てを「発起人＋発起人以外の者」が引き受ける方法です。

　株式会社を設立するには、最初に発起人が「定款」を作成しなければなりません（26条）。定款は公証人による認証を受けて、初めて効力を生じます（30条1項）。なお、発起人は、各自、必ず株式を少なくとも1株は引き受けなければなりません（25条2項）。

　次の段階から、発起設立か募集設立かにより手続きが異なります。発起設立では、会社設立に際し発行する株式の全てを発起人が引き受けます（25条1項1号）。発起人が複数いる場合、発起人全員の同意により各発起人に割り当てる株式数を決定します（32条1項1号）。各発起人は遅滞なく引き受けた株式の出資に係る金銭全額の払込み、ないしは出資に係る金銭以外の財産の全部の給付をしなければなりません（34条1項）。その後、発起人は会社の設立時取締役（その会社の定款の定めに応じて、設立時監査役、設立時会計参与、設立時会計監査人）を選任します（38条）。選任方法ですが、出資の履行がなされた株式1株につき1個の議決権が認められ、発起人の有する議決権総数の過半数の賛成により決議が成立します（40条1項、2項）。その後、出資された財産及び金銭の調査等の手続きを経て、本店所在地において設立の登記を行うことにより、株式会社が成立します（49条、911条）。

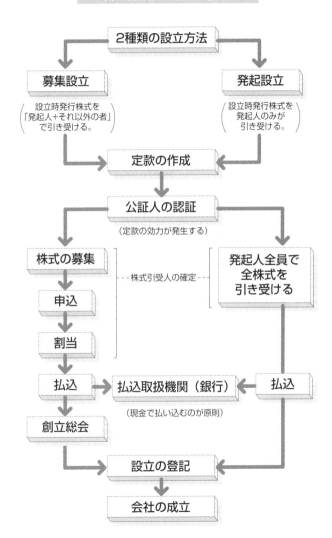

株式会社の設立手続

2種類の設立方法

募集設立
（設立時発行株式を「発起人＋それ以外の者」で引き受ける。）

発起設立
（設立時発行株式を発起人のみが引き受ける。）

定款の作成

公証人の認証
（定款の効力が発生する）

株式の募集

申込

割当

- - 株式引受人の確定 - -

発起人全員で全株式を引き受ける

払込 → 払込取扱機関（銀行） ← 払込
（現金で払い込むのが原則）

創立総会

設立の登記

会社の成立

5 募集設立と創立総会

募集設立では、設立登記の前に創立総会が必要です。

募集設立手続きにおいて、株式引受人の払込期日または払込期間が経過すると、発起人は創立総会を招集し、設立時取締役や設立時監査役等の選任などを決議します。通常は創立総会の日から2週間以内に行われる設立登記により、株式会社が成立します。

募集設立では、発起人は設立時に発行する株式の募集を行い、引受の申込みをしてきた者に株式を割り当てます（60条）。株式引受人（割り当てられた者）は、定められた期日までに、または期間内に割り当てられた株式に係る払込金額の全額を払い込みます（63条）。払い込まないときは、引き受けた株式を得る権利を失います（63条3項）。

募集設立では、株式引受人の払込期日または払込期間が経過した後、遅滞なく、発起人は創立総会を招集します（65条）。創立総会では決議により設立時取締役、設立時監査役などを選任します（88条）。創立総会の決議の成立要件は、議決権を行使できる設立時株主（設立時株主とは払込金額の払込等をした株式引受人及び発起人であり、株主になる前の者です。まだ株主は存在しません）の総議決権数の過半数、かつ、出席した設立時株主の議決権の3分の2以上の賛成を必要とします（73条1項）。

発起人は、会社の設立に関する事項を創立総会に報告します（87条1項）。検査役が選任されている場合（33条）には、検査役の調査報告の内容が提出されます（87条2項）。創立総会は定款の変更を決議でき（96条）、会社の設立そのものに問題があれば、設立廃止の決議もできます（73条4項）。

創立総会終結の日から2週間以内になされる設立の登記により、株式会社が成立します（49条、911条2項）。

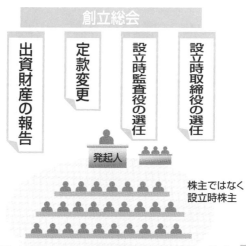

創立総会

- 出資財産の報告
- 定款変更
- 設立時監査役の選任
- 設立時取締役の選任

発起人

株主ではなく
設立時株主

[出席した設立時株主の議決権の3分の2以上の賛成
かつ、議決権の総数の過半数以上の賛成]

創立総会の手続き

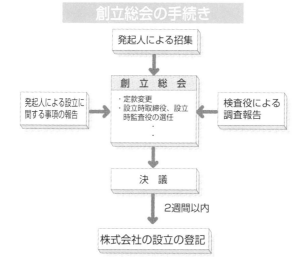

発起人による招集

↓

創 立 総 会
・定款変更
・設立時取締役、設立
　時監査役の選任
・
・

発起人による設立に
関する事項の報告 →

← 検査役による
調査報告

↓

決 議

↓ 2週間以内

株式会社の設立の登記

6 定 款

発起人は「定款」を作成しなければなりません。

定款は株式会社の基本事項を定めるものです。会社法は、定款の絶対的記載事項を列挙しており、これらの事項は必ず記載されなければなりません。絶対的記載事項のいずれか1つでも欠けたり、内容が違法だったりすると、定款全体が無効になり、ひいては会社の設立自体が無効になります。

株式会社の設立に際して、発起人は定款を作成する必要があります（26条）。定款の絶対的記載事項は以下の通りです（27条）。

①目的（27条1号）　会社がどのような事業を行うかが目的になります。

②商号（2号）　商号は会社の名称であり、必ず「株式会社」という文字を用いなければなりません（6条2項）。

③本店の所在地（27条3号）

④設立に際して出資される財産の価額又はその最低額（4号）

⑤発起人の氏名又は名称及び住所（5号）

公証人により認証される定款には、以上が必ず記載されなければなりません。このほか、⑥会社が発行することのできる株式の総数（発行可能株式総数）も定款の絶対的記載事項ですが、公証人による認証のときまでに定めていなくてもよく、その場合は設立の登記までに、発起人全員の同意によりまたは創立総会の決議により、定款を変更して、発行可能株式総数の定めを記載しなければなりません（37条1項、98条）。会社が設立するときに実際に発行する株式数は、公開会社であれば、発行可能株式総数の4分の1以上を発行しなければなりません（37条3項。非公開会社ではこの限りではありません）。

第1条 当会社は、信越化学工業株式会社と称する。
第2条 当会社は、次の事業を営むことを目的とする。
(1) 電解及び電炉工業製品の製造及び販売
(2) 化学肥料及び農薬の製造及び販売
　　……
(17) 前各号に付帯する事業及びこれに関連する一切の業務
(18) 経営上必要と認める事業に対する投資
第3条 当社は、本店を東京都千代田区に置く。
第4条 当会社は、株主総会及び取締役のほか、次の機関を置く。
(1) 取締役会
(2) 監査役
(3) 監査役会
(4) 会計監査人
　　……
第6条 当会社の発行可能株式総数は、17億2千万株とする。
　　……
第8条 当会社の単元株式数は、100株とする。
　　……
第10条 当会社の株主は、株式取扱規定に定めるところにより、その有する単元未満株式の数と併せて単元株式数となる数の株式を売り渡すことを請求することができる。
　　……
第13条 当会社の定時株主総会は、毎年6月にこれを招集し、臨時株主総会は、必要があるときに随時これを招集する。
第14条 当会社の定時株主総会の議決権の基準日は、毎年3月31日とする。
　　……
第19条 当会社に取締役26名以内を置く。
　　……
第28条 当会社に監査役5名以内を置く。
　　……
第31条 監査役会は、その決議によって常勤の監査役を選定する。
　　……
第35条 当会社の事業年度は、毎年4月1日から翌年3月31日までの1年とする。
第37条 当会社の期末配当の基準日は、毎年3月31日とする。
　　……

(信越化学工業の定款より抜粋)

提供：信越化学工業

7 相対的記載事項

定款に定めないと有効とされない事項のことです。

相対的記載事項とは、定款に記載しなくても定款自体の効力には影響しませんが、定款に記載しておかないと有効とされない事項のことです。例えば、発行する種類株式の内容や会社の機関構成などです。なかでも設立段階では、28条が定めるいわゆる変態設立事項が重要です。

　会社法は変態設立事項を4つ定め、発起人の行う一定の行為について定款に定めをおかないときには、会社が成立した後に、会社に義務を負わせることができないようにしています（28条）。以下、変態設立事項を詳しく説明します。

　第1が、動産・不動産や知的財産権等の財産を出資する現物出資に関する内容です（28条1号）。設立の際の現物出資は、発起人に限り許されています。第2が、発起人が、会社設立前に会社のために会社の成立を条件として、一定の財産の譲受を内容とする第三者と締結した財産引受契約に関する事項です（28条2号）。第3が、発起人が会社の設立のために働いたことに対し会社から受け取る報酬と、会社施設の利用権等の発起人が会社から受ける特別の利益です（28条3号）。第4が、設立のために支出が必要とされる設立費用で、定款の作成費用、創立総会の招集費用などです（28条4号）。

　以上の事項を定款に記載させる理由は、不必要な出費や過大な出費をすることによって、設立された会社の財産が不当に減少することを防止するためです。変態設立事項を定款に記載すると、裁判所が選任する検査役による調査が必要となります（33条）。ただし、現物出資及び財産引受に係る財産の総額が500万円以下の場合や、そのような財産を構成する個々の財産の価額について弁護士等の証明を受けた場合等には、調査は不要となります（33条10項）。

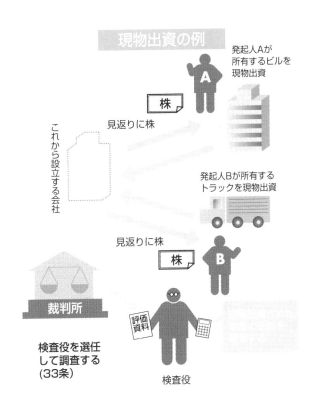

現物出資の例

発起人Aが所有するビルを現物出資

株

見返りに株

これから設立する会社

発起人Bが所有するトラックを現物出資

見返りに株

株

裁判所

検査役を選任して調査する（33条）

評価資料

検査役

変態設立事項

現物出資	設立に際し、発起人のみに許される金銭以外の財産の出資
財産引受	発起人が、会社の成立を条件に一定の財産を譲り受けることを約束した契約等
発起人の報酬・特別利益	発起人が会社設立のために働いたことに対する報酬及び会社設立後の会社施設の利用権など
設立費用	定款や株式申込証の印刷費用、創立事務所の賃貸料、創立総会招集費用など

8 発起人

株式会社の設立には1人以上の発起人が必要です。

株式会社を設立するために行動する者を発起人といいます。
定款に発起人として記載された者だけが発起人となります。
発起人は、会社の設立に関する様々な権限が認められますが、
同時に設立に関する厳しい責任も課されています。

　株式会社を設立するには発起人が1人以上いなければなり
ません（25条、26条1項）。発起人には自然人のみならず法
人もなれます。定款に発起人として署名または記名押印をし
た者だけが発起人となります（27条5号）。

　発起人は、株式会社を設立するために自ら発行予定の株式
の全部または一部を引き受けたり、また発行予定の株式の引
受人を募集したり設立に必要な手続きを実行し、設立直後か
ら会社が営業を開始するための準備行為を行ったりします。

　定款に記載されていない者は、発起人同様に行動しても発
起人とは認められませんが、募集設立手続において株式を引
き受ける者の募集の広告等で会社の設立を賛助する旨を記載
した者は発起人とみなされます。この者を信じた第三者を保
護するため、みなし発起人には権限は認められませんが責任
が課されることになっています（103条4項）。

　発起人が会社の設立について任務を怠ることにより会社に
損害が生じたときは、発起人は会社に対し損害賠償責任を負
います（53条1項）。また、職務を行うについて悪意または
重過失があり、その結果、第三者に損害が生じたときは、発
起人はその者に対し損害賠償責任を負います（53条2項）。
さらに、株式会社が成立しなかったときは、発起人は連帯し
て、株式会社の設立に関して責任を負い、支出した費用を負
担しなければなりません（56条）。

発起人の役割

完成予想図

会社の完成予想図と
会社の定款を示し、
事業の概要を説明して、
出資してくれる人を探す

発起人

1株
引き受けるぞ

¥

¥

10株
引き受けるよ

会社が設立するまでに、詐欺などの不正行為
がないように、会社法の規定を遵守するなど
の重い責任

発起人

9 株式の払込金額と資本金の額

額面株式は廃止され無額面株式のみとなりました。

平成13年の商法改正により額面株式は廃止され、現在、株式は無額面株式のみとなりました。資本金の額と株式との関連性は、原則として払込金額の全額が資本金の額になるということを除いて、断ち切られることになりました。

かつては、株式といえば50円株式、500円株式というように、定款に1株の金額が定められ、それが株券上に記載されている額面株式が普通でした。このほか、1株の金額が定められておらず、株券上に単に株式数のみが記載されている無額面株式が認められていました。

実務では額面株式が圧倒的に好んで用いられていましたが、理論上は、両者は権利内容について何ら差異のないものでした。むしろ、額面株式には発行価額が額面未満となるような新株の発行が禁止されていたため（平成13年改正前商法202条2項）、株式の時価が額面を下回るような場合には、迅速な資金調達が困難になるという問題がありました。

そこで、平成13年の商法改正により、額面株式は廃止されました。これにより、資本金の額と株式との関連性は、原則として払込金額の全額が資本金の額になるということ（右図参照、445条1項）を除いて、断ち切られることになりました。なお、株式会社における最低資本金の規定（旧商法168条ノ4）は、会社法では継承されていません。

また、平成13年改正後においても、それまで流通していた額面株式の株券が無効とはなりません。この場合、株券上の券面額の記載は法律的に意味のない記載と考えます。

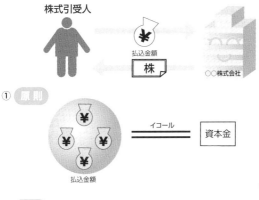

株式引受人

払込金額
株

○○株式会社

① 原則

払込金額 ＝ イコール ＝ 資本金

② 例外

$\frac{1}{2}$ 以内　資本準備金

$\frac{1}{2}$ 以上　資本金

資本組入の例

① 払込金額5万円で200株発行
　5万円×200＝1000万円

　　　　　1000万円全額が資本金

② 払込金額5万円で300株発行
　5万円×300＝1500万円

　　　　　（少なくとも2分の1以上）

　　　　　750万円以上が資本金

10 預合・見せ金

預合は違法、見せ金は違法の疑いが強いものです。

「預合」も「見せ金」も、資金を持たない者が会社を設立する際に利用する違法ないしは違法性の疑いの強いテクニックです。預合による払込は無効です。同時に、会社設立の無効事由ともなり、発起人らには刑事罰も定められています。

　預合とは、発起人らが払込取扱銀行（A銀行）から資金を借り、その金を株式の払込金として同じA銀行に払い込むが、発起人が借入金を返済するまでは、払い込んだ金を引き出さないことを銀行と約束する行為です。預合は銀行の帳簿上の操作のみで行われる行為であって、実際に金銭の移動はありません。預合による払込は無効と解されています。預合は会社設立の無効事由となり、64条2項の制裁が払込取扱銀行（A銀行）に課されるほか、発起人等は5年以下の懲役刑または500万円以下の罰金刑に処せられます(965条)。

　見せ金とは、発起人らが払込取扱銀行（A銀行）以外のところ（例えばB銀行）から資金を借りてきて、株式の払込金として使います。すなわち発起人らがその資金を払込金としてA銀行に預け、会社が成立した直後に会社がそれを引き出し、この資金で最初の借入金を発起人であった者に代わってB銀行に返済してしまうことです。

　見せ金による払込が有効か否かについては見解が対立しています。最高裁判所は無効とする立場です。見せ金の場合、問題は払込取扱銀行（A銀行）の責任ですが、A銀行は発起人らが払込金をどのような経緯で入手したかを知らないのが通常ですから、A銀行の責任を追及することは困難でしょう。

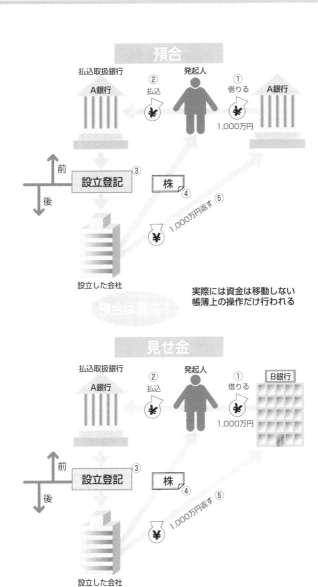

預合

払込取扱銀行
A銀行

② 払込 ¥

発起人

① 借りる ¥ 1,000万円

A銀行

前 / 後

③ 設立登記

株 ④

⑤ 1,000万円返す ¥

設立した会社

実際には資金は移動しない
帳簿上の操作だけ行われる

見せ金

払込取扱銀行
A銀行

② 払込 ¥

発起人

① 借りる ¥ 1,000万円

B銀行

前 / 後

③ 設立登記

株 ④

⑤ 1,000万円返す ¥

設立した会社

Coffee Break **会社法の成り立ち**

　2005年に制定された会社法は、基本的には、それまでの商法52条から500条までの「第二編会社」の部分に、商法特例法と有限会社法の規定を融合させて成り立っています。たとえば、商法特例法のみに規定があった会計監査人や委員会設置会社が会社法329条以下あるいは会社法400条以下に定められています。また、監査役を設置するか否かは当該有限会社が定款で定めることができるとする規定（旧有限会社法33条）が、会社法の下では株式会社についての会社法326条2項として定められています。

　会社法にはこのほかの要素も混在しています。そもそも商法を改正して会社法を制定する最大の理由は、「商法の現代語化」の要請でした。これは、カタカナ文語体の商法の条文をひらがな口語体にするという要請です。この「商法の現代語化」の作業で重要なポイントは、カタカナ文語体からひらがな口語体に移行する際に、「内容を変更させないという原則」が存在したことです。たとえば、取締役の忠実義務を定める商法254条ノ3は会社法355条となりましたが、内容は変更されていません。ところが、会社法の制定に際して、「商法の現代化」という要請が経済界から強く主張されました。これは、主として、アメリカ合衆国における現地法人の活動等を通じて、アメリカ会社法を経験してきた経済人からの要求という色彩が強いといえます。本書では詳しく採り上げていませんが、アメリカのLLC（limited liability company）を模倣した合同会社制度の新設（会社法575条以下）を挙げることができます。

　このほか、会社法では「条文準用回避の原則」が存在します。

第 Ⅱ 章

株式と株主

多くの株式会社では1種類の株式が発行されますが、2種類以上の種類株式を発行することもできます。株式を有する者が株主です。株主は、会社や取締役に対し様々な権利を行使することができます。

11 株 式

会社に対する請求権の束と考えることができます。

株式とは、株式会社における細分化された割合的単位の形を
とる「社員の地位」といわれています。現在では、株式は会
社に対する様々な請求権（剰余金配当請求権、残余財産分配
請求権、議決権等）の束と考えることができます。

　事業を行おうとする者が数人集まって、会社形態により事
業を展開したとします。彼らは、実質的に会社の共同所有者
であり、当然、会社に対し、利益や残余財産、経営について
の様々な権利を有し、同時に出資義務等を負います。これら
共同所有者のそれぞれの権利や義務（「権利＋義務」を１つ
のまとまりとして考えるとき、通常、これを「地位」と呼び
ます）は本来各人について内容が異なるはずです。この共同
所有者の地位を細分化して株式という最小単位を設け、全て
の株式の内容を均一のものとし（持分均一主義）、各株主は
複数の株式を有することとします（持分複数主義）。
　このようにして、株式は、本来それぞれ内容が異なってい
る共同所有者の地位を、単純に株式数の違いという量的な違
いに転化する意義を有しているといえます。
　かつて存在した株金分割払込制の下では、株式とは「様々
な請求権の束＋引き受けた株式数に応じた出資金払込義務」
を意味しました。このときは，たしかに「権利＋義務」です
から、地位と言えます。しかし、会社法の下では出資金は株
式の成立前に全額を払い込むことになっていますので、株式
に義務は存在しておらず、株式は会社に対する様々な請求権
（剰余金配当請求権、残余財産分配請求権、議決権等）の束
と考えることができます。このような目に見えない株式を表
章する有価証券を株券と呼びます。

株主の権利

株主

剰余金配当請求権

残余財産分配請求権

議決権

××株式会社

株式という請求権の束が紙と結合したものが株券

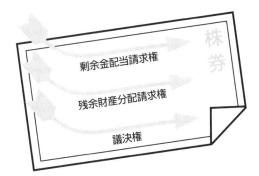

剰余金配当請求権

残余財産分配請求権

議決権

株券

12 内容の異なる株式

譲渡制限、取得請求権または取得条項を定款で定められます。

会社は、発行する全部の株式の内容として、譲渡制限、取得請求権または取得条項を定款で定められます。このような譲渡制限株式、取得請求権付株式および取得条項付株式と、次項で説明する譲渡制限種類株式、取得請求権付種類株式および取得条項付種類株式とは区別しなければなりません。

会社は、発行する全部の株式の内容として、①譲渡による株式の取得につき会社の承認を要すること、②株主が会社に対しその株式の取得を請求することができること、および、③一定の事由が生じたことを条件として、会社が株主の有する株式を取得できることを定款で定めることができます（107条）。①を譲渡制限株式、②を取得請求権付株式、③を取得条項付株式と呼びます。①②③を全部備える株式は、譲渡制限付取得請求権付取得条項付株式となります。

株主が取得請求権付株式の取得請求権を行使した場合、会社は、原則として、その株式を取得しなければなりません。このとき、会社は株主に対価として、あらかじめ定款で定めてある社債、新株予約権、金銭、その他の財産（株式は除く）のいずれかまたはいずれかの組み合わせを交付します（107条2項2号）。取得条項付株式の一定の事由が生じた場合、会社は、株主に対価として、あらかじめ定款で定めてある社債、新株予約権、金銭、その他の財産（株式は除く）のいずれかまたはいずれかの組み合わせを交付して、その株式を取得します（107条2項3号）。

発行する全部の株式の内容として譲渡制限、取得請求権または取得条項が付される場合（107条）と、種類株式の内容として譲渡制限、取得請求権または取得条項が定められる場合（108条）とを区別しなければなりません。

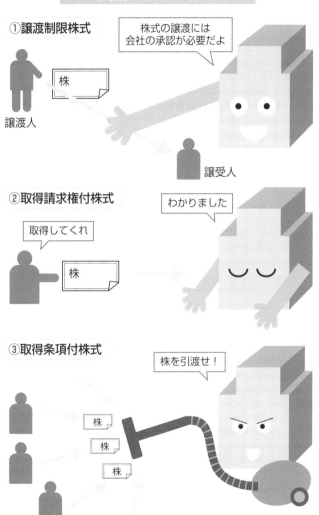

13 種類株式①

定款に定めを置けば種類株式の発行が可能です。

会社法が発行を認めている種類株式としては、剰余金の配当額や配当条件等について内容の異なる種類株式、残余財産分配について内容の異なる種類株式、議決権制限種類株式、無議決権種類株式、譲渡制限付種類株式、取得請求権付種類株式、取得条項付種類株式等があります。

　株式会社は、定款に定めを置けば、以下のような内容の異なる種類株式を発行することができます（108条）。

　⑴剰余金の配当額、配当条件等について異なる種類株式　従来からある配当優先株式や配当劣後株式。

　⑵残余財産の分配額、分配条件等について異なる種類株式　残余財産分配請求権についての優先株式や劣後株式。

　⑶議決権制限種類株式・無議決権種類株式　一定事項につき議決権が制限される種類株式や議決権が全くない種類株式（完全無議決権種類株式）。発行済株式総数の2分の1まで発行可能（115条）。なお、複数議決権付株式は認められません。

　⑷譲渡制限付種類株式　株式の譲渡について取締役会または株主総会の承認を必要とする種類株式。

　⑸取得請求権付種類株式　株式発行後、一定の請求期間内に、株主が、定められた金銭その他の財産と引換えに会社にその株式の取得を請求できる株式。

　⑹取得条項付種類株式　株式発行後一定の事由が生じたときに、あらかじめ定められた金額や他の種類株式等と引換えに会社が取得する株式。取締役会設置会社では取締役会、取締役会非設置会社では株主総会が取得条項付種類株式の中でどの株式を取得するかを決定（169条）。⑤⑥の場合、会社が交付すべき財産の帳簿価額が請求日等における剰余金の分配可能額以内であることが必要（166条1項、170条5項）。

種類株式の特徴

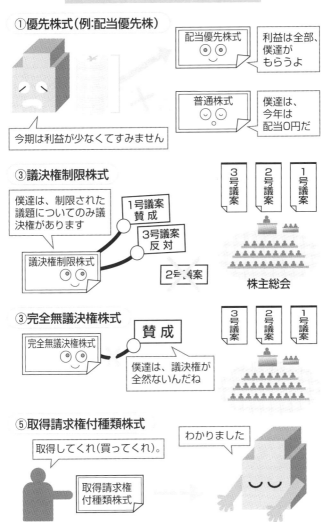

①優先株式（例:配当優先株）

配当優先株式 利益は全部、僕達がもらうよ

普通株式 僕達は、今年は配当0円だ

今期は利益が少なくてすみません

③議決権制限株式

僕達は、制限された議題についてのみ議決権があります

議決権制限株式

1号議案 賛成

3号議案 反対

2号議案

3号議案 2号議案 1号議案

株主総会

③完全無議決権株式

完全無議決権株式

賛成

僕達は、議決権が全然ないんだね

3号議案 2号議案 1号議案

⑤取得請求権付種類株式

取得してくれ（買ってくれ）。

取得請求権付種類株式

わかりました

注）丸数字は本文に対応しています。

14 種類株式②

敵対的企業買収への防衛策として利用できます。

会社法が発行を認めている種類株式としては、前項の種類株式のほかに、全部取得条項付種類株式、拒否権付種類株式、取締役監査役の選解任権付種類株式があります。特に後の2つは敵対的企業買収に対する防衛策として利用できます。

⑺全部取得条項付種類株式　株式発行後、株主総会の特別決議（309条2項3号）により、他の種類株式・社債・新株予約権・その他の財産等と引換えにその株式の全部を会社が取得する株式。対価として交付する種類株式の種類や数、社債の種類や金額、その他の財産の内容や金額等についても右の株主総会決議で定められなければならない（171条1項）。会社が交付する金銭等の帳簿価額が取得日における剰余金の分配可能額以内であることが必要（461条1項4号）。

⑻拒否権付種類株式　株主総会や取締役会が決議すべき事項の中の特定の事項について、上記決議のほかに、さらにこの種類株式の種類株主総会の決議を必要とする株式。例えば、合併契約の承認決議についての拒否権付種類株式が消滅会社において発行されている場合、通常の株主総会で合併契約承認決議が成立しても、これに加えて右種類株式による種類株主総会の承認決議が成立しない限り、会社法783条1項の承認が得られないことになる。

⑼取締役・監査役の選解任権付種類株式　この種類株式による種類株主総会の決議だけで取締役又は監査役を選任解任する株式。ただし、公開会社（2条5号）や指名委員会等設置会社はこの種類株式を発行できない（108条1項柱書）。

種類株式の特徴

⑦全部取得条項付種類株式

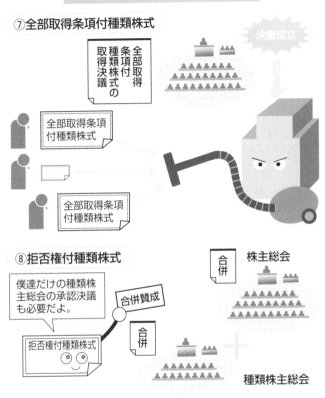

全部取得条項付種類株式の取得決議

全部取得条項付種類株式

全部取得条項付種類株式

決議成立

⑧拒否権付種類株式

僕達だけの種類株主総会の承認決議も必要だよ。

合併賛成

合併

拒否権付種類株式

合併　株主総会

合併

種類株主総会

⑨取締役・監査役の選解任権付種類株式

選任

解任

選解任権付種類株式

僕達だけが、取締役や監査役を選任解任できるんだよ。

注）丸数字は本文に対応しています。

会社は株主名簿を備えなければなりません。会社は、基準日において株主名簿に記載されている株主を株式に係る権利を行使できる者と定めることができます。株券が発行されている場合でも、株主が権利を行使するためには、株主名簿に自己の氏名・住所等を記載しなければなりません。

　会社は株主名簿を作成しなければなりません（121条）。株主名簿に記載する事項は、株主の氏名・名称および住所、株主の有する株式の種類・数などです（121条）。

　会社は、基準日を定めて、基準日において株主名簿に記載されている株主を株式に係る権利を行使できる者と定めることができます（124条1項）。したがって、株式を取得した株主が、株主総会に出席する権利や株主総会において決議に参加する権利、配当を請求する権利等を行使するには、あらかじめ株主名簿上の氏名を自己の氏名に書き換えておかなければなりません（130条1項）。会社は、株主名簿を本店に備え置き、株主および会社債権者からの閲覧請求および謄写請求に応じなければなりません（125条）。

　なお、株主総会の招集通知や配当金の送付等を行う際、会社は株主名簿上の株主に対してのみ、しかもそこに記載されている氏名・住所・持株数により事務を処理すれば債務不履行等の責任から免れます（126条1項、457条1項）。会社法は、株式会社において株券を発行しないことを原則とし、特に定款で株券を発行する旨を定めた会社についてのみ株券を発行することとしました（214条）。株券が発行されている場合でも、株主が会社に対し株主としての様々な権利を行使するためには、株主名簿に自己の氏名・住所等を記載しなければなりません（130条2項）。

株主名簿の書換と備置

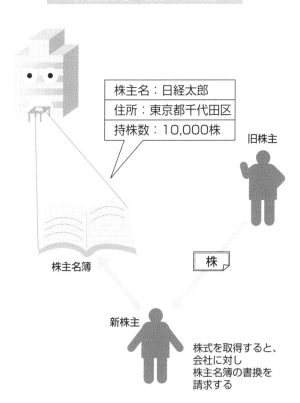

株主名：日経太郎
住所：東京都千代田区
持株数：10,000株

旧株主

株主名簿

株

新株主

株式を取得すると、
会社に対し
株主名簿の書換を
請求する

会社は、株主名簿に記載されている株主
に対して、株主総会の招集通知等を発
し、配当金等を送付する

16 株式の譲渡と譲渡制限

株式の譲渡には定款で制限を設けることができます。

株式会社においては、株式譲渡自由の原則がありますが、好ましくない者を株主として株主名簿に記載したくないとする経営者サイドの要請を受け、株式譲渡については取締役会（取締役会非設置会社においては株主総会）の承認を要する旨の定めを定款に設けることができます。

　会社法 127 条は、原則として株式を自由に譲渡できるとする株式譲渡自由の原則を定めています。しかし、中小企業の経営者から、見ず知らずの者や好ましくない者が株主として株主名簿に記載することを防止する規定を設けて欲しいとの強い要請を受け、定款に定めを置くことにより株式の譲渡を制限することが可能になっています。

　会社法は、発行する全部の株式の内容として譲渡制限を定める場合（107 条 1 項 1 号）と、種類株式の性質として譲渡制限を定める場合（108 条 1 項 4 号）とを規定しています。いずれの場合も、そのような株式を譲渡する者もしくは譲り受けた者はその株式譲渡について取締役会（取締役会非設置会社においては株主総会）の承認が必要となります（136 条、137 条、139 条）。取締役会等が株式の譲渡を承認しない場合には、株主の投下資本の回収を保証するために、会社または会社の指定買取人が株式を買い取るといった制度が設けられています（140 条〜 144 条）。

　なお、株式を東京証券取引所のような金融商品取引所に上場するときは、譲渡制限の定めは許されません。また、株券発行会社において株券が発行される前に株式が譲渡された場合、当事者間では譲渡は有効ですが、株式の譲受人は株主名簿の書換を要求できません（128 条 2 項）。

譲渡制限株式の譲渡の手順

株主Aまたは譲受人Bは、譲渡する株式の種類と数と譲受人Bの名を示し、譲渡の承認を会社に請求する。

会社から譲渡につき承認したとの通知あり

会社から承認を拒否する通知あり

2週間たっても、会社から通知なし

40日以内に、会社が当該株式の買取とその数(及び指定買取人C)を決定し、会社またはCから買取を通知する

拒否の通知から40日たっても、会社から買取通知なし

A(またはB)と会社(またはC)との間で売買価格の協議

決まらなければ裁判所が決定

予定している譲受人Bへの株式の譲渡が承認される。

会社またはCへの株式の譲渡

株式の譲渡と株券

株主は原則として株式を自由に譲渡できます。

株主は株式を自由に譲渡できるという株式譲渡自由の原則がありますが、実際の株式譲渡の手続きは、会社が株券発行会社か否か、定款に譲渡制限の定めがあるか否かによって異なります。株式会社は原則として株券不発行会社であり、定款に株券を発行する旨の定めを置くと株券発行会社になります。

　譲渡制限の定めがない株券発行会社の場合、株式の譲渡人と譲受人との間での株式譲渡の意思表示と株券の交付により、当事者間及び対第三者の関係では譲受人が新株主になります（127条、128条1項）。しかし、この者が、株主名簿の名義書換を済ませない限り、会社に対して株主だと主張できません（130条2項）。譲渡制限の定めがある株券発行会社の場合、株式の譲渡人と譲受人との間での株式譲渡の意思表示と株券の交付により、当事者間及び対第三者の関係では、譲受人が新株主になります。しかし、この者は、会社から株式譲渡についての承認を得た後（137条、139条、134条2号）、株主名簿の名義書換を済ませない限り、会社に対し株主だと主張できません（130条2項）。

　譲渡制限の定めがない株券不発行会社の場合、株式譲渡の意思表示により当事者間では譲受人が新株主になりますが、譲受人が、株主名簿の名義書換を済ませない限り、会社及び第三者に対して株主だと主張できません（130条1項）。譲渡制限の定めがある株券不発行会社の場合、株式譲渡の意思表示により当事者間では譲受人が新株主になりますが、譲受人が、会社から株式譲渡についての承認を得た後（136条、137条、139条、134条）、株主名簿の名義書換を済ませない限り、会社及び第三者に対し株主だと主張できません（130条1項）。

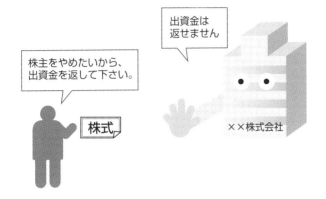

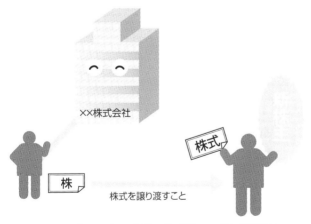

譲渡制限の定めのない会社の株式はいつでも誰に対してでも譲渡できる。東京証券取引所などの金融商品取引所で取引されている株式は、すべて譲渡自由。

18 株式振替制度

上場会社においては株式振替制度が利用されています。

株式を金融商品取引所に上場している会社においては、株式の譲渡が大量に行われる場合、株券の数が非常に多いため、株主から株券を受け取り株主名簿上の名義書換手続を実行することが極めて困難となりました。そこで、株券を利用せずに株式の譲渡を処理する株式振替制度が構築されました。

株券不発行会社であって株式振替制度の利用に同意した会社の株式（譲渡制限株式を除く）を「振替株式」と呼びます（社債株式振替法 128 条 1 項、13 条 1 項）。振替株式の譲渡は、振替機関ないし口座管理機関の振替口座簿の保有欄に譲渡による株式数の増加の記載・記録がなされることによりその効力が生じ、対抗要件も備わることになります（社債株式振替法 140 条）。このような記載・記録は株券の占有に相当します（社債株式振替法 128 条 1 項、140 条、141 条、143 条）。

振替口座簿に株式数の増加の記載・記録がなされても、自動的に会社の株主名簿の名義書換がなされるわけではないので、振替口座簿の記載・記録と株主名簿のそれとの同調を図るために、①振替口座簿に記載・記録された株主の氏名・住所・株式数等の事項を、振替機関が会社にすみやかに通知し（社債株式振替 151 条 1 項、7 項）、会社は通知された事項を株主名簿に記載・記録する（社債株式振替 152 条 1 項前段）という「総株主通知」の制度があります。このほか、②株主が少数株主権等の権利を行使する場合に、株主が振替機関に申出をし、振替機関が会社に当該株主の有する株式の種類・数等を通知する「個別株主通知」（社債株式振替 154 条 3 項ないし 5 項）の制度があります。

上場会社の株式についての株式振替制度は、平成 21（2009）年 1 月 5 日から施行されました。

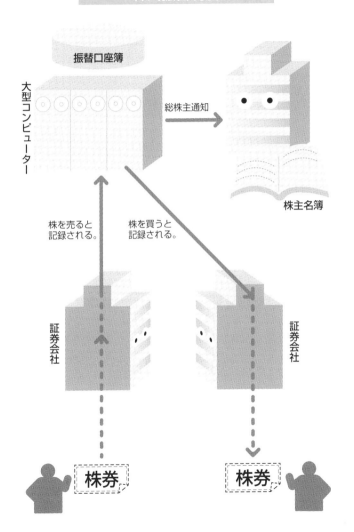

株式振替制度

振替口座簿

大型コンピューター

総株主通知

株主名簿

株を売ると記録される。

株を買うと記録される。

証券会社

証券会社

株券

株券

19 自己株式の取得

原則として、株主との合意に基づいて自己株式を取得できます。

自己株式の取得は、原則、株主総会の決議により定めた範囲において、会社が株主との合意に基づき実行します。このほか、取得請求権付株式を有する株主の請求権の行使による場合や、全部取得条項付株式についての株主総会決議に基づき会社が同株式を取得する場合などの自己株式取得もあります。

原則として、会社は、株主との合意に基づいて自己株式を取得できます。この場合、会社はあらかじめ株主総会の決議により、①取得できる株式の種類と数、②取得と引換えに交付する金銭等の内容と額、③株式を取得できる期間（1年以内）、を定めます（156条）。この条件の中で、取締役会は実際に自己株式を取得したいとする際に、その都度、④取得する株式の種類と数、⑤株式1株の取得と引換えに交付する金銭等の内容と額、⑥株主が株式譲渡の申込みをする期日などを決定し（157条）、株主に対し取締役会で決定された内容を通知・公告し（158条）、株主からの申込みを待ちます。

保有する株式の会社への譲渡を望む株主は、会社に対し、譲渡したい株式の種類と数を明らかにして譲渡の申込みをします（159条1項）。株主からの譲渡申込みの株式の総数が④の数を超えないときは、会社は⑥の期日において株主からの申込みを承諾したとみなされます（159条2項）。

なお、会社が特定の株主から自己株式を取得する場合は、上記の株主総会において通常決議される内容（①②③）に加えて、上記の取締役会での決定の内容（④⑤⑥）を当該特定株主に対してのみ通知する旨を決議しなければなりません（160条1項）。この決議は特別決議です（309条2項2号）。この場合、一般の株主は、予定された売主に自己を加えた議案を株主総会に提出することを請求できます（160条3項）。

自己株式の取得の効果

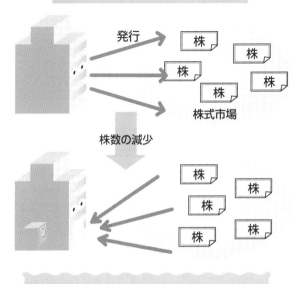

発行

株

株式市場

株数の減少

経営政策として、株価が安いときに市場から
自己株を取得すると、流通している株式数
が減少し、株価が上がることが期待できる。

金庫株

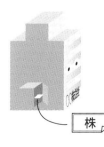

自社の株式を、あたかも金庫の中にし
まって保管しているようなイメージ
になることから、「金庫株」と呼ばれる

株

> 株式が相続財産となり、相続人が複数いる場合、相続人は株主の権利を行使すべき者1人（権利行使者）、及び、会社からの通知等を受領すべき者1人（通知受領者）を定め、これを会社に通知しなければなりません。

　相続される財産の中に株式が含まれる場合、株式は他の財産と同様に相続人に承継されます。なお、相続人が新たな株主であることを会社に主張するためには、株主名簿の名義書換が必要です。

　相続人が複数存在する場合、相続の対象となる財産は、遺産分割によってその帰属が確定するまで相続人の間でその相続分に応じた共有財産となります。株式がこのような共有財産に属する場合、会社の事務処理の便宜のため、株式の相続人は株主の権利を行使すべき者1人（権利行使者）を定め、これを会社に通知しなければなりません（106条）。この権利行使者が、剰余金配当請求権、議決権を単独で行使することができ、他の者は行使できません。なお、議決権については、議決権の不統一行使が可能です（313条）。

　株式の相続人は会社からの通知または催告を受領する者1人（通知受領者）を定め、これを会社に通知しなければなりません（126条3項）。

　通知受領者（126条3項）が定められていない場合には、会社は、株式を共有する相続人に対して行う通知または催告を、会社が任意に選定した相続人の1人に対して行えばよいことになっています（126条4項）。ただし、これは通知または催告に限られることであり、配当金の支払いには適用がなく、会社はその配当金を供託することになります。

株式の相続

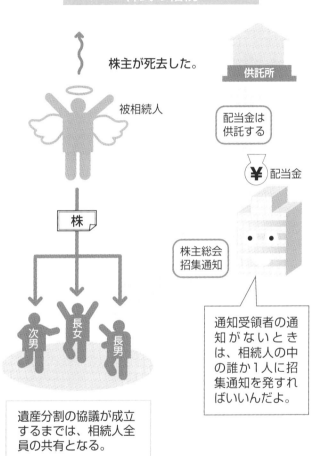

株主が死去した。

被相続人

株

次男　長女　長男

遺産分割の協議が成立するまでは、相続人全員の共有となる。

供託所

配当金は供託する

¥ 配当金

株主総会招集通知

通知受領者の通知がないときは、相続人の中の誰か1人に招集通知を発すればいいんだよ。

21 株式の併合・分割・無償割当て

株式の数を減らした増やしたりする方法の一つです。

> 株式の併合とは、すべての株式について、3株を1株にする
> ように、数個の株式を合わせてそれ以下の数の株式にするこ
> とです。株式の分割とは、すべての株式について、1株を10
> 株にするように、1個の株式を分割してそれ以上の数の株式
> にすることです。

　株式の併合とは、会社が発行しているすべての株式につい
て、たとえば、3株を1株にするように、数個の株式を合わ
せてそれ以下の数の株式にすることです。株式の併合は、発
行済株式総数（すでに発行されている株式数）を減少させま
すが、原則として会社の資本金の額や純資産額、発行可能株
式総数は変えません。

　株式の併合は株主に大きな影響を与えるので（たとえば、
3株を1株に併合すると、2株を保有していた株主は株主の
地位を失う）、株主保護の観点から、株主総会の特別決議が
必要とされ（180条2項、309条2項4号）、また、事前の情
報開示、差止請求権、株式買取請求権、事後の情報開示といっ
た制度が設けられています。

　株式の分割とは、会社が発行しているすべての株式につい
て、たとえば、1株を10株にするように、1株の株式を分割
してそれ以上の数の株式にすることです。株式の分割は発行
済株式数を増加させますが、資本金の額や純資産額は変わり
ません。株式の分割は、基本的に既存の株主に実質的な不利
益をもたらさないと考えられますので、取締役会設置会社で
は取締役会決議（取締役会非設置会社では株主総会の普通決
議）で行うことができます（183条2項）。

　1株の株式を分割して、元の株式に加えて、他の種類株式
を交付することを、株式の無償割当てといいます（185条）。

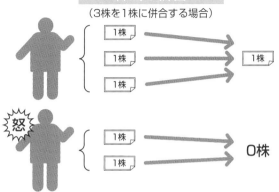

株式の併合

（3株を1株に併合する場合）

| 1株 |
| 1株 | → | 1株 |
| 1株 |

| 1株 |
| 1株 | → 0株

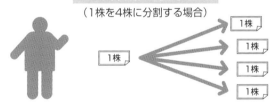

株式の分割

（1株を4株に分割する場合）

| 1株 | → | 1株 |
               | 1株 |
               | 1株 |
               | 1株 |

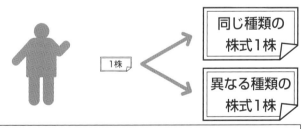

株式の無償割当て

| 1株 | → | 同じ種類の株式1株 |
            | 異なる種類の株式1株 |

株式の併合、株式の分割、株式の無償割当てを実行しても、資本金の額、準備金の額、資産総額は変わりません。

22 単元株

1 単元（一定数の株式）に 1 個の議決権を認める制度です。

> 単元株制度とは、定款に一定数の株式を 1 単元の株式と定め、1 単元の株式に 1 個の議決権を認める制度のことです（188条）。1 単元未満の株式を有する単元未満株主は、会社に対し、その買取りを請求することができます（192条）。

　単元株制度は、平成 13 年改正で単位株制度が廃止されたことに伴って導入されました。会社は、定款に一定数の株式を 1 単元の株式とする旨を定めることができます（188条 1 項）。1 単元の株式の数は、1,000 株を超えて定めることも、発行済株式総数の 200 分の 1 を超えて定めることもできません（188条 2 項・会社法施行規則 34 条）。

　会社成立後に定款を変更して、新たに単元株制度を採用するときは、株主総会の特別決議が必要です（466条、309条 2 項 11 号）が、単元株制度の廃止や 1 単元の株式数を減少することは、個々の株主にとって不利益になりませんから、取締役会決議で行うことができます（195条 1 項）。1 単元未満の株式を有する株主には議決権及び議決権を前提とする権利（議案提出権、説明請求権等）は認められません。このほか、会社は、会社法所定のいくつかの権利について、単元未満株主が権利を行使できない旨を定款で定めることができます（189条 2 項）。

　単元未満株式を有する株主は、その買取りを会社に請求できます（192条）。なお、定款に定めがある場合、単元未満株主は、会社に対し、単元数に足りない数の単元未満株式の売渡しを請求できます（194条）。この場合、例えば、単元株式数が 1,000 株と定められているときに、700 株を有する単元未満株主は会社に対し 300 株の売渡しを請求できます。

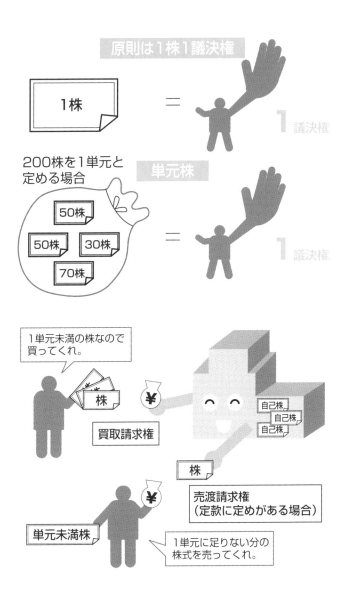

原則は1株1議決権

1株 ＝ 1議決権

200株を1単元と定める場合

単元株

50株
50株　30株
70株

＝ 1議決権

1単元未満の株なので買ってくれ。

株

買取請求権

自己株
自己株
自己株

株

売渡請求権
（定款に定めがある場合）

単元未満株

1単元に足りない分の株式を売ってくれ。

23 株主

株式を有する者を株主と呼びます。

株式を有する者を株主と言います。株主の権利は、大きく自
益権と共益権に分類して説明されます。株主になろうとする
者は出資義務を負いますが、ひとたび出資義務を履行し株主
になりますと、その後はどのような義務も負いません。

　株主の権利は、株主が有する株式に備わる多様な請求権の
総体です。株主の権利は、しばしば、自益権と共益権に大き
く分類して説明されます。自益権とは、会社に対し経済的利
益を要求する権利であり、剰余金配当請求権、残余財産分配
請求権、株式買取請求権などがあります。共益権とは、会社
の運営に関与する権利であり、議決権、株主総会決議取消訴
権、株主代表訴訟提起権、取締役等に対する違法行為差止請
求権、取締役解任請求権などがあります。

　株主になろうとする者は、その割り当てられた株式につい
ての払込金額（または引受価額）を原則として現金で出資す
る義務（出資義務）を負いますが、ひとたびこの義務を履行
しますと、その後株主となってからはどのような義務も負い
ません。たとえ、どれほど多額の債務を抱えて会社が倒産し
たとしても、原則として株主は会社の債務について責任を負
いません。これを株主有限責任の原則（104条、58ページ）
と呼びます。株主は、原則としてその有する株式の数に応じ
て自益権も共益権も平等の取扱いを受けます。これを株主平
等の原則と呼びます（109条1項）。

　なお、株主は株式会社という社団の構成員ですから、多く
の場合に、全ての株主は定款に定めてある内容を了解してい
ると考えられます。

株主の権利（請求権）	
自益権	剰余金配当請求権 残余財産分配請求権 株式買取請求権　など
共益権	議決権 株主総会決議取消訴権 代表訴訟提起権 取締役等に対する違法行為差止請求権 取締役解任請求権　など
株主の義務	
	株式の引受価額を原則として現金で出資 する義務（＝出資義務）（104条）

株主と会社の関係

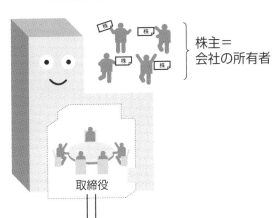

株主＝
会社の所有者

取締役

株主全体からの委託を受けて、株主のために
会社の経営を行う

24 株主有限責任の原則

株主は払い込んだ金額以上は会社債権者に責任を負いません。

株式会社が倒産し、会社の債権者がその債権について100%の弁済を受けられない場合であっても、株主は、会社債権者に対して責任を負うことはありません。これを、株主有限責任の原則と呼びます。

会社が倒産し、会社の負っている債務の総額が1億円であり、会社の全財産を現金化しても1,000万円にしかならないような場合に、株式会社の特徴が鮮明に現れます。このような場合、合名会社であれば、会社債権者はその債権につき債権額の10%の弁済を会社から受け、残額について各社員（合名会社のメンバー）に請求できます（580条1項）。これに対し、株式会社では、会社債権者がその債権について会社から10%の弁済しか受けられない場合でも、会社の社員である株主に対し会社債権者が何らかの責任を追及することはできません。会社債権者は、自己の債権について債権額の10%の弁済を受け、残額はあきらめることになります。これが、株式会社における株主有限責任の原則です。

ただし、正義・衡平の見地から、一方で会社債権者の被る損害が多大であり、他方で株主に責任なしとすることが許されるべきではないような特別の事情が認められる場合には、裁判所は、特に法人格否認の法理を適用して会社債権者が株主に債権残額の弁済を求めることを許すことがあります。法人格否認の法理とは、損害を被っている会社債権者と問題とされる株主の関係においてのみ（相対的にのみ）、株式会社の有する「法人格」という外殻を一時的に存在しないものとする考え方です。

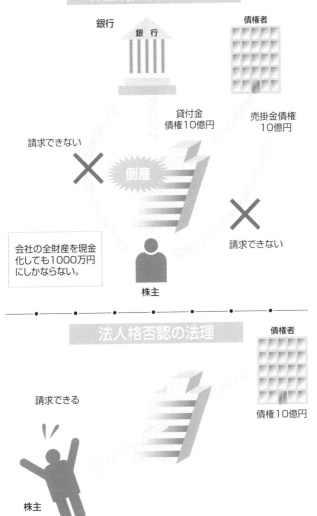

株主有限責任の原則

銀行

債権者

貸付金
債権10億円

売掛金債権
10億円

請求できない

倒産

会社の全財産を現金
化しても1000万円
にしかならない。

請求できない

株主

法人格否認の法理

債権者

請求できる

債権10億円

株主

25 株主の権利行使と会社の利益供与

取締役等が株主の権利行使に関し利益を供与することは犯罪です。

> 会社法は、会社が株主の権利行使に関し株主に財産上の利益を供与することを禁止しています（120条1項）。そのようなことをした場合、利益供与を受けた者は返還義務を負い、利益供与に関与した取締役等には責任が生じます（120条3項、4項）。刑事罰も設けられています。

　会社法は、株主総会において取締役の嫌がる質問などをしないことと引換えに、また、株主総会において取締役の思惑通りに議事が進行するよう協力することの見返りに、会社から不当な金品等を得ようとする株主の行為を禁止します（120条1項）。現金、商品券、その他の財産的に価値のある物、酒食の供応、不当に利益を得る内容の契約の締結などのすべてが財産上の利益にあたります。会社が特定の株主に有償で財産上の利益を供与した場合に、会社の受けた財貨・サービスが供与した利益にくらべて著しく少ない場合は、株主の権利の行使に関して供与したものと推定されます（120条2項後段）。

　会社法120条1項の規定に違反した場合、利益の供与を受けた者は、供与された利益を会社に返還しなければならず（120条3項）、利益を供与することに関与した取締役は供与した利益の価額に相当する金額を会社に支払う責任を負います（120条4項）。利益供与に関与した取締役の責任は無過失責任です（120条4項）。

　取締役、監査役、執行役等およびその他の使用人が上記のような株主の権利の行使に関し財産上の利益を供与する行為は、刑事罰（3年以下の懲役または300万円以下の罰金）に処せられます（970条1項）。その場合、株主も同罪です（970条3項）。

株主総会

株主総会で
取締役達が
困るような
質問をするよ。

取締役

¥

お金をあげるから
株主総会で
質問しないで下さい。

どちらも犯罪（会社法970条1項〜3項）です。

株主が5年間所在不明の場合、その株式を処分できます。

　会社の株式事務の合理化のために、会社は、所在不明の株主が有する株式を処分することができます。この場合、所在不明株主が現れたときにはその処分して得た代金を交付することになります。

　株主への通知・催告が継続して5年間到達しておらず、かつ、剰余金の配当が継続して5年間受領されていない場合等には、会社は、所在不明の株主の有する株式を処分することができます（197条）。

　処分方法は、①競売、②市場価格ある株式については市場価格による売却、市場価格のない株式については裁判所の許可を得て競売以外の方法による売却の2方法です（197条1項、2項）。競売または売却を行う場合、会社は、株主の氏名・住所、株式の種類・数、株券番号、その株式の売却等を行う旨、及び、異議がある者は一定の期間内に異議を述べるべき旨を公告し、株主名簿上の株主・登録株式質権者に各別に催告をします（198条1項、会社法施行規則39条）。処分対象とされた株式に株券が発行されており、上記期間内に利害関係人が異議を述べない場合、その期間の末日にその株券は無効となります（198条5項）。なお、売却の場合、会社自身が売却する株式の全部又は一部を買い取ることができます（197条3項）。この場合、剰余金の分配可能額を超えて買取りを行うことはできません（461条1項6号）。

　処分後、処分された株式を有していた株主は株主としての地位を失い、会社の債権者になります。会社は、所在不明株主が現れたら、処分した株式の代金を所在不明株主に交付しなければなりません（197条1項）。

```
┌─────────────────────────┐
│    5年間所在不明の株主、    │
│    かつ、5年間剰余金の     │
│    配当が受領されていないとき │
└─────────────────────────┘
              ↓
┌─────────────────────────┐
│      会社が株式の         │
│      競売・売却を決定       │
└─────────────────────────┘
              ↓
┌─────────────────────────┐
│      競売・売却を行う       │
│      旨の公告・催告        │
└─────────────────────────┘
       ↓      ↓      ↓
   ┌──────┐ ┌──────┐ ┌──────┐
   │ 競売 │ │ 売却 │ │買取り│
   └──────┘ └──────┘ └──────┘
              ↓
┌─────────────────────────┐
│      売却等代金の保管       │
└─────────────────────────┘
              ↓
┌─────────────────────────┐
│  所在不明株主が現れたとき、   │
│    売却等代金を交付する     │
└─────────────────────────┘
```

対価の柔軟化

　100 年以上の間、吸収合併の際に、存続会社が消滅会社の株主に合併対価として交付するものは存続会社の株式が原則であり、合併比率の調整などのために限定された範囲においてのみ合併交付金が認められていました。合併においては、存続会社は消滅会社の株主を収容しなければならないとか、消滅会社の株主は存続会社の株主にならなければならないと考えられていたため、存続会社は消滅会社の株主に必ず存続会社の株式を交付すると考えられていました。このような考え方はドイツ会社法やフランス会社法の考え方です。交付される合併対価を株式に限定するという意味で合併対価株式限定説と呼びます。

　これに対して、消滅会社の株主は、吸収合併以前に有していた消滅会社株式を失うことの補償として、存続会社から合併対価の交付を受けなければならないとする考え方を合併対価株式非限定説と呼びます。会社法は新たにこの説を採用したので、合併に際し、消滅会社の株主が受け取るものは、株式、社債、金銭、存続会社以外の会社の株式等、国債、貴金属など経済的に価値のある財産なら何でもよいことになりました。合併対価に関する考え方の変更に伴い、分割対価、株式交換対価に関する考え方も変更されました。それまでの硬直的な考え方に対し、経済的に価値があるものならば何でもよいとする考え方は柔軟な考え方ということになるので、このような考え方の変更を「対価の柔軟化」と呼んでいます。合併対価株式非限定説を最初に提唱したのは、本書の著者です。同説は 1987 年に発表され、2005 年に会社法の条文として立法化されました。

会社の機関：株主総会

株式会社には必ず株主総会が備わります。株主総会は、株主の意思を反映させる場として重要です。株主総会は株式会社の最高意思決定機関と言えます。

公開会社である大会社の機関

株主総会、取締役会、代表取締役、監査役会等があります。

株主総会は株式会社の最高決定機関です。しかし、取締役会設置会社における株主総会の権限は限られており、通常の業務執行に関する権限は取締役会と代表取締役に帰属します。監査役は取締役の職務執行を監査します。

　会社の意思決定や行動は、実際には、会社の内部組織に属する自然人または自然人のグループによってなされます。このような会社の意思決定や行動をする自然人等を「会社の機関」と呼びます。本書が対象としている株式会社は、公開会社（2条5号）であって大会社（2条6号）である株式会社です。この場合、必ず、①取締役会設置であって、監査役会設置であり、かつ会計監査人設置の株式会社か、②指名委員会等設置会社か、③監査等委員会設置会社のいずれかになります（委員会設置会社は140〜145ページ）。

　株主総会は、株主によって構成され会社の基本的事項についての意思決定をする会社の最高機関です。しかし、取締役会設置会社における株主総会の権限は限定され、会社法または定款に定められた事項のみ決議できます（295条2項）。

　取締役会は、業務執行の決定をし（362条2項1号）、代表取締役及び取締役を監督監視する機関です（362条2項2号）。代表取締役を選定・解職する権限は取締役会にあります（362条2項3号）。代表取締役は、取締役会により取締役の中から選定され（362条3項）、会社の業務を執行し、会社を代表する機関です。監査役は、取締役（代表取締役を含む）の職務執行を監査する機関です（381条1項）。

　このように、株式会社の機関は相互に権限を分配し、会社経営の合理性と公正さのバランスを保っています。

取締役会設置型株式会社の機関の相互関係

取締役会決議

代表権の付与
と剥奪

取締役会設置会社では
取締役は3人以上

監査役

代表取締役

選任(解任)　選任(解任)　選任(解任)　選任(解任)

所有と経営の分離

株主総会決議

取締役会設置会社と取締役会非設置会社では異なります。

取締役会を設置しない会社では、株主総会は会社の全ての事項を決定できる最高機関ですが、取締役会を必ず設置する公開会社においては、決定事項の多くは取締役会の権限になっています。

　取締役会設置会社では、株主総会が決定できる事項は限られています。取締役会設置会社の株主総会の権限は、①会社法が定めた事項、および、②定款が定めた事項に限られます（295条2項）。これを内容で見ますと、第1に、会社の基礎的な事項に関わること、第2に、取締役会に決定を委ねるのが不都合なこと、第3に、株主の重要な利益に関することおよびその他のこと、おおむね以上に分類できます。

　第1のものとしては、資本金の額の減少（447条）、定款変更（466条）、事業譲渡（467条1項）、解散（471条3号）、吸収合併（783条1項、795条1項）、吸収分割（783条1項、795条1項）、株式交換（783条1項、795条1項）、新設合併（804条1項）、新設分割（804条1項）、株式移転（804条1項）などがあります。第2のものとしては、調査者の選任（316条）、取締役の選任（329条1項）、取締役の解任（339条1項）、取締役の報酬の決定（361条）、取締役の責任の一部免除（425条1項）などがあります。第3のものとしては、自己株式の取得（156条1項）、計算書類の承認（438条2項）、剰余金の配当（454条1項。分配特則規定が働かないときに限る）などがあります。

　このように、取締役会設置会社では株主総会が決定できる事項は限られたものになっていますが、取締役の選任権と解任権があるため、株式会社の最高決定機関といえます。

株主総会の権限

会社の解散　剰余金配当　会社組織の変更　定款変更　取締役の選任・解任

株主総会が決定できる事項

①会社の基礎的な事項に関わること	事業譲渡・定款変更・吸収合併・新設合併・株式交換・株式移転・新設分割・吸収分割・資本減少・解散　など
②取締役会に決定を委ねるのが不都合なこと	検査役の選任 取締役の選任・解任 取締役の責任の一部免除 取締役の報酬の決定
③その他	自己株式の取得 計算書類の承認 剰余金の配当

※剰余金の配当は、分配特則規定（459条1項4号）を充たすときは取締役会の権限になります。

株主総会の招集

取締役会が決定し開催日の2週間前までに通知を発します。

株主総会の招集は取締役会が決定し、株主総会の開催日の2週間前までに株主名簿に記載されている株主に招集通知を発しなければなりません。招集通知には、その開催日時・場所のほか株主総会の目的である事項（議題）を記載します。

招集通知は原則として株主総会の2週間前までに発しますが、非公開会社では1週間前までに発します（299条1項）。

また、株主全員の同意があれば、招集手続を省略することもできます（300条）。

株主総会には、通常、計算書類の承認と剰余金の配当に関する議案についての決議のために毎年行われる定時株主総会と、それ以外の臨時株主総会とがあります（296条）。

株主総会は原則として取締役会の決議に基づき代表取締役が招集します（298条4項、296条3項）。株主も一定の要件を満たせば株主総会を招集できます。6か月前より引き続き総株主の議決権の100分の3以上を有する株主は、株主総会の目的となる事項と招集の理由を取締役に示して、臨時株主総会の招集を請求できます（297条1項）。非公開会社であれば、6か月の株式保有期間は不要です（297条2項）。

株主がこの請求を行った日から8週間以内の日を開催日とする株主総会の招集通知が発されないとき、または、請求の後遅滞なく招集手続がなされないときは、その株主は裁判所の許可を得て株主総会を招集することができます（297条4項）。

取締役会設置会社の場合、招集通知に記載されていない株主総会の目的事項（＝議題）については株主総会で決議をすることが禁止されています（309条5項）。

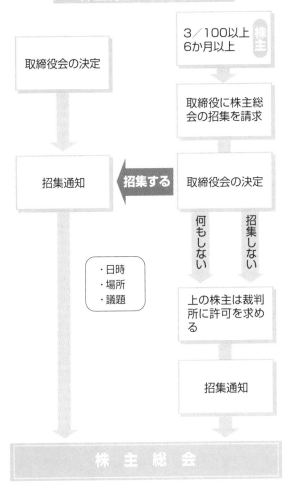

株主総会の招集手続

取締役会の決定

3／100以上
6か月以上　株主

取締役に株主総会の招集を請求

取締役会の決定

招集する

招集通知

何もしない

招集しない

・日時
・場所
・議題

上の株主は裁判所に許可を求める

招集通知

株　主　総　会

30 電子提供措置

電子提供措置をとると書面の発送を節約できます。

電子提供措置をとることを定款に定めた場合、会社は株主総会の招集手続きを行うに際し、株主に株主総会参考書類その他の書類を印刷物によって提供する代わりにウェブサイトによって記載されるべき内容を提供（電子提供）することができます（325条の2）。

　定款に電子提供措置をとる旨の定めがある場合、株式会社は株主総会の招集手続きを行うに際し、株主総会参考書類、議決権行使書面、計算書類および事業報告、ならびに、連結計算書類の内容に限り、電子提供措置をとることができます（325条の2）。この場合、取締役は、電子提供措置開始日から株主総会の日後3か月を経過する日までの間、電子提供措置事項（右図参照）に係る情報について継続して電子提供措置をとらなければなりません（325条の3第1項柱書）。なお、電子提供措置開始日とは、株主総会の日の3週間前の日または株主総会招集通知を発した日のいずれか早い日をいいます（325条の3第1項第1括弧書）。

　会社が電子提供措置をとる場合、株主総会招集通知には、会社法298条1項1号〜4号に掲げる事項のほか、電子提供措置をとっている旨、有価証券報告書をEDINETを使用して提出するときはその旨などを記載しなければなりません（325条の4第2項後段）。

　電子提供措置をとる旨の定款の定めのある株式会社の株主は、会社に対し、電子提供措置事項（325条の5第1項第3括弧書）を記載した書面の交付を請求することができます（325条の5第1項）。書面交付請求は、株主総会の議決権行使に係る基準日までに請求しなければなりません（325条の5第2項第2括弧書）。

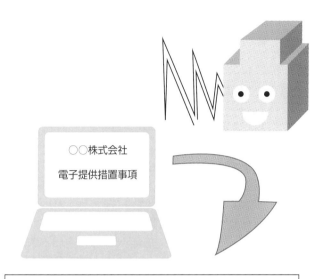

○○株式会社

電子提供措置事項

電子提供措置事項とは、
①会社法 298 条 1 項各号所定の事項、
②会社法 301 条 1 項に規定する場合には株主総会参
考書類および議決権行使書面に記載すべき事項、
③会社法 302 条 1 項に規定する場合には株主総会参
考書類に記載すべき事項、
④会社法 305 条 1 項の規定による請求があった場合
には同項の議案の要領、
⑤取締役会設置会社である場合において、取締役が定
時株主総会を招集するときは、会社法 437 条所定の
計算書類および事業報告に記載又は記録された事項、
⑥取締役会設置会社である会計監査人設置会社である
場合において、取締役が定時株主総会を招集すると
きは、会社法 444 条 6 項所定の連結計算書類に記
載又は記録された事項などをいう（325 条の 5 第 1
項第 3 括弧書、325 条の 3 第 1 項各号）。

（なお、電子提供措置の規定は、令和元年 12 月に会社法が改正
されたときに、「交付の日から 3 年 6 か月以内の政令で定める日
から施行」と定められています。）

株主総会の決議

普通決議、特別決議、特殊決議があります。

　株主総会の決議には、普通決議、特別決議、特殊決議の3種類があります。また、会社法は、種類株式を別とすれば、原則として、「1株1議決権の原則」を採用しています。

　法律・定款が要求しない限り、通常の事項は普通決議により決定されます。普通決議では、その決議において議決権を行使できる株主の議決権の過半数を有する株主が出席（定足数、会議成立要件）し、出席した株主の議決権総数の過半数の賛成（決議成立要件）により決議が成立します（309条1項）。なお、定款に定めを置くことにより、定足数の要件を緩和することも排除することもできます。定款変更や合併、会社分割など特に重要な問題については特別決議が要求されます。特別決議では、その決議において議決権を行使できる株主の議決権の過半数を有する株主が出席し（定款の規定により、過半数を3分の1にまで緩和できます）、出席した株主の議決権総数の3分の2以上の賛成により決議が成立します（309条2項）。会社が定款変更により発行する全部の株式の内容として譲渡制限の定めを新たに置くときなどには、「特殊決議」が要求されます。ここでは、その決議において議決権を行使できる株主の半数（＝頭数の半数）かつ同株主の議決権の3分の2以上の賛成により決議が成立します（309条3項）。

　会社法は「1株1議決権の原則」を採用していますが、単元株制度を採用するときは1単元の株式につき1個の議決権となります（308条1項）。なお、会社は保有する自己株式について議決権を行使できません（308条2項）。

1株1議決権の原則

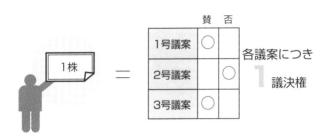

	賛	否
1号議案	○	
2号議案		○
3号議案	○	

1株 = 各議案につき **1** 議決権

100株持っている株主は **100** 議決権

普通決議と特別決議

普通決議

総株主の議決権

欠席　出席　→　賛成　反対

定款により定足数を排除すれば、議決権を有する株主が1人でも出席すれば、株主総会は成立

出席した株主の有する議決権の総数の過半数の賛成で決議が成立

特別決議

総株主の議決権

欠席　出席　→　賛成　反対

議決権を行使できる株主の議決権の過半数を有する株主の出席が原則として必要

出席した株主の有する議決権の総数の3分の2以上の賛成で決議が成立

32 議決権の行使方法

株主は様々な方法により議決権を行使できます。

原則として株主本人が株主総会に出席し議決権を行使することが想定されていますが、代理人により議決権を行使させることもできます。このほか、会社が白紙委任状や議決権行使書を株主に送付することが多く行われています。

　株主は原則として本人が株主総会に出席し議決権を行使しますが、株主総会に代理人を出席させ議決権を行使させることもできます（310条1項）。この際、株主または代理人は会社に代理権証明書を提出する必要があります（310条1項後段）。会社は、定款等により、株主総会に出席できる代理人の資格を制限できます。会社が委任状制度を利用する場合、会社は、株主総会に先立ち、各株主に「議決権代理行使に関する白紙委任状」を送付します。株主がこれに署名または記名押印して会社に返送しますと、その株主は各議案について議決権を自由に行使するよう会社に委任したことになります。このとき、委任状に「反対」と記載しても必ずしも反対票として処理される保証はなく、会社がその委任状を賛成票として集計しても、株主総会の決議自体に瑕疵は生じません。株主が委任状制度を利用することもあります。

　委任状制度と異なるものとして会社法311条が定める議決権行使書面があります（書面投票制度）。議決権を有する株主が1,000人以上の会社にあっては必ず株主総会の招集通知とともに議決権行使書面を交付しなければなりません（298条2項、301条1項）。株主が議決権行使書面に「反対」と記載して送付したときは、会社はこれを反対票として集計しなければならず、そうしないときは株主総会決議取消事由になります。

株主

株主総会に 本人出席	株主総会に 代理人出席	会社からの 白紙委任状	書面投票
		〒	〒 インターネット

賛否を記しても、その意思が反映される保証はない

各議案ごとに賛否を記入できる

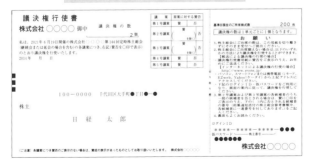

少数株主権

少数派の株主の利益を保護するために認められています。

株主総会において、決議事項は結局のところ多数派の意向により決定されるのが通常となります。そこで、少数派の株主の利益を保護するために、少数株主権として様々な権利が認められています。

　取締役の選任や剰余金の配当に関する決定、会社の基礎的な構造の変更等は株主総会の決議を必要とします。この際、少数派の株主が議案に反対しても、多数派の株主の意思により決議は成立します。株主の有する株式が譲渡制限株式であれば、決議に反対する株主が、その株式を譲渡して会社から脱退することは必ずしも容易ではありません。また、株式の譲受人が見つかったとしても、客観的に合理的な譲渡価格を知ることは極めて困難です。株主の有する株式が譲渡制限の定めのない株式であっても、そのときの株式の時価の有利・不利を検討する必要があります。株式買取請求権を行使する場合も同様です。このような理由から、少数派の株主が有する正当な立場や財産権を保証するために、少数派の株主に各種の権利が認められています。

　少数派の株主の権利（少数株主権）は、一定数以上の株式保有を条件に認められており、その持株要件により右の表のように分類できます。

　なお、書類の閲覧権には、442条3項の定める単独株主権としての計算書類等閲覧権と、433条2項の定める少数株主権としての帳簿閲覧権がありますが、前者は、435条2項の定める貸借対照表、損益計算書などの計算書類とその附属明細書を対象とし、後者は、右の計算書類の作成の基礎となった会計帳簿や会計記録の資料が対象となります。

少数株主権

1/10要件	解散請求権 (833条)
3/100要件	株主総会招集請求権 (297条) 取締役解任請求権 (854条) 監査役解任請求権 (854条) 帳簿閲覧権 (433条) 検査役選任請求権 (358条) 清算人解任請求権 (479条2項)　ほか
1/100要件	株主提案権 (303条) 総会検査役選任請求権 (306条)

少数株主の立場

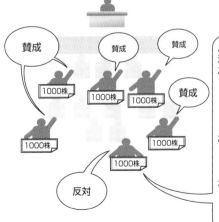

反成

賛成

賛成

賛成

1000株

1000株

1000株

1000株

1000株

1000株

反対

反対したけど
決議は成立してしまった。
だから、
1.株式を売って、この会社の株主をやめよう。適正な価格を知りたいから、帳簿閲覧権を行使しよう。
2.別な人を取締役にするために、臨時株主総会を招集し、株主提案権を行使しよう。
3.多数決の濫用など決議に違法な点があったから、決議取消の訴えを提起しよう。

34 株主提案権

一定の決議事項を株主総会の目的とすることを請求できます。

一定の要件を満たす株主は、株主総会の開催日より8週間前までに、取締役に対し、一定の事項を株主総会の目的とすることを請求できます（議題提案権）。また、株主は、株主総会の目的事項について、自らが発案する議案を提出することができます（議案提出権）。

　取締役会設置会社では、株主総会に付議される目的事項は通常は取締役会が決定しますが、6か月前より引き続き総株主の議決権の100分の1以上または300個以上の議決権を有する株主は、株主総会の開催日より8週間前までに、取締役に対し、一定の事項を株主総会の目的（議題）とすることを請求できます（議題提案権、303条）。株主は、株主総会の目的事項について自らが発案する議案を提出することができます（議案提出権、304条）。6か月前より引き続き総株主の議決権の100分の1以上または300個以上の議決権を有する株主は、株主総会の開催日より8週間前までに、取締役に対し、その株主が提出する議案の要領を各株主に通知することを請求できます（議案要領通知請求権、305条）。実際には、少数株主の行う独自の提案が株主総会で可決されることはあまり期待できませんが、少なくともその提案が招集通知に記載または記録されることによって、他の株主に知らせることができるという効果があります。

　提出された議案が法令・定款に違反する場合や、最近3年内に総株主の議決権総数の10分の1以上の賛成を得られずに否決された議案と同一内容の議案の場合、会社は株主の議案提出権の行使を拒否することができます（304条但書）。

　上に述べた議題提案権、議案提出権、議案要領通知請求権をまとめて株主提案権といいます。

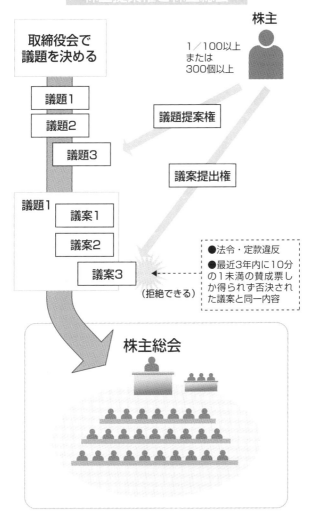

35 取締役等の説明義務

6つの例外の場合を除き説明を拒絶できません。

取締役、監査役、会計参与は、株主総会において株主が説明を求める事項について説明をしなければなりません。ただし、会社法が定める6つの例外に当たるときは、説明を拒絶することができます。

取締役、監査役、会計参与は、株主総会において株主が説明を要求する事項について説明をしなければなりません（314条）。この規定は取締役等の説明義務と呼ばれますが、株主の側から見れば説明請求権と考えられます。

株主は、株主総会で議題となる「株主総会の目的である事項」に関して説明を求めることができます。これに対し、会社法314条は、取締役が説明を拒絶できる場合を以下のように定めています。すなわち、①株主の説明を求める事項が株主総会の目的である事項（議題）に関係しないとき、②株主共同の利益を著しく害するとき、③説明をするために調査が必要なとき、④説明をすることにより会社およびその他の者の権利を侵害するとき、⑤当該株主総会において実質的に同一事項について繰り返し説明を求めるとき、⑥その他正当な理由があるとき、です（314条、会社法施行規則71条）。このうち、③については、質問をする株主が、相当の期間前に株主総会において説明を求める事項を会社に通知していた場合、及び、必要な調査が著しく容易な場合には、取締役等は説明を拒絶できません（会社法施行規則71条）。なお、取締役および監査役は、同じ質問については一括して説明することが許されています。説明義務が果たされなかった場合は、決議方法の法令違反となるため、株主総会の決議取消事由となります（831条1項1号）。

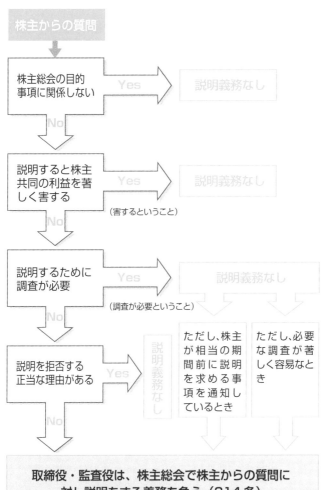

説明義務の有無

株主からの質問

株主総会の目的
事項に関係しない　Yes　→　説明義務なし

No ↓

説明すると株主
共同の利益を著
しく害する　Yes　→　説明義務なし

（害するということ）

No ↓

説明するために
調査が必要　Yes　→　説明義務なし

（調査が必要ということ）

ただし、株主
が相当の期
間前に説明
を求める事
項を通知し
ているとき

ただし、必要
な調査が著
しく容易なと
き

No ↓

説明を拒否する
正当な理由がある　Yes　→　説明義務なし

No ↓

取締役・監査役は、株主総会で株主からの質問に
対し説明をする義務を負う（314条）

株主総会の決議の瑕疵の処理は、法的安定性の要請と不利益を被った利害関係人の保護の要請との調和の問題となります。取消事由のある総会決議は、決議取消の判決が確定すると効力を失いますが、誰も訴えを提起しないときは、提訴期間の経過により完全に有効なものとなります。

　株主総会の決議は、その決議が有効であることを前提として次々と新たな法律関係が形成されるため、時間が経過すればするほど、決議の瑕疵を理由に決議を取消にすると多方面に多大な影響をもたらすことになります。しかし、他方で、不利益を被った個々の株主や債権者などの利害関係人の利益保護も考えなければなりません。株主総会に何らかの瑕疵がある場合、利害関係人はその瑕疵の性質や程度に応じて、「決議取消の訴え」「決議無効確認の訴え」「決議不存在確認の訴え」を提起することができます。

　決議取消の訴えは、株主総会に以下に示す取消事由があるときに限り、決議の日から3か月の提訴期間内に、株主、取締役または監査役などが提起できます（831条1項）。取消事由は、①株主総会の招集手続もしくは決議方法が法令もしくは定款に違反したとき、または、著しく不公正なとき、②決議の内容が定款に違反したとき、③決議について特別の利害関係を持つ株主が議決権を行使したことにより著しく不当な決議がなされたとき、に認められます。

　決議の取消が判決で確定すると法律関係の画一的処理の要請から、その効果は裁判における原告と被告以外の第三者にも及び（838条、対世効）、また決議の効力は決議をしたときに遡ってなくなります（839条、遡及効）。

取消が認められる場合

① 招集手続が法令もしくは定款に違反

② 決議方法が法令もしくは定款に違反

③ 招集手続または決議方法が著しく不公正

④ 決議内容が定款に違反

⑤ 決議について特別利害関係を有する株主が議決権を
行使したことにより著しく不当な決議がなされたとき

○原告適格=原告となるのは株主、取締役、監査役など
○提訴期間=決議後3か月以内
○第三者効（対世効）あり
○遡及効あり
○決議取消の訴を提起しない限り、取消が認められない

株主総会の決議の内容が法令に違反した場合は、誰でも、いつでも、決議無効確認の訴えを提起できます。およそ株主総会決議が存在したとすら言うことができない場合には、株主総会決議不存在確認の訴えを提起できます。

　株主総会の決議の無効と不存在については、決議取消の場合と異なりその主張を制限する規定は存在しません。したがって、誰でも、いつでも、どのような方法によってでも、決議の無効や不存在を主張できます。

　決議無効確認の訴えは、決議の内容が法令に違反した場合に、確認の利益を有する者であれば、誰でも、いつでも（提訴期間がない）、訴えを提起できます（830条2項）。例えば、株主平等原則に違反する内容の決議がなされた場合や会社法が定めている剰余金の分配可能額を超過するような配当を決定する決議がなされた場合等がこれに当たります。

　決議不存在確認の訴えは、手続きの瑕疵がはなはだしいためにおよそ決議が存在したとすらいうことができない場合に、確認の利益を有する者であれば、誰でも、いつでも（提訴期間がない）、決議不存在確認の訴えを提起できます（830条1項）。例えば、株主総会を開催していないのに議事録の上だけに株主総会の決議があったと記載される場合や、株主総会の招集通知がほとんどの株主に発せられていない場合などです。決議無効または決議不存在が判決で確定すると、決議取消の場合と同様に、法律関係の画一的処理の要請から、その効果は裁判の当事者である原告と被告以外の第三者にも及びます（838条、対世効）。また、決議の効力は決議をしたとされるときからなかったことになります。

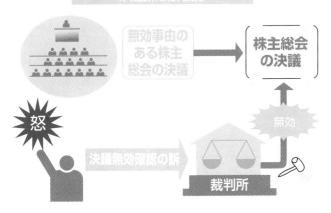

①訴えの利益があれば誰でも原告となれる
②提訴期間の定めなし
③別の訴訟の中で、主張することもできる

Coffee Break 社長と社員

　一般に、社員という言葉は特定の企業に勤務しているサラリーマンという意味で使われます。ところが、会社法では社員は企業である会社への出資者であり、法人の構成員という意味で使われます。例えば合名会社の社員、合資会社の無限責任社員・有限責任社員という具合です。そして、株式会社において社員は社員とは言わずに株主と言います。それでは、サラリーマンは何と呼ばれるのでしょうか。会社法では「使用人（2条15号、2条16号、13条、381条2項等）」、民法では「労働者（624条、625条等）」、労働法では「労働者（労働基準法1条等）」、特許法では「従業者（特許法35条）」というように、法律により様々な呼び方が使われています。

　次に社長という言葉ですが、会社法は、会社のトップに社長という名称を用いることを定めてはいません。実際、銀行のトップは通常、頭取ですし、ほかに理事長、代表といった名称も使われます。会社法では、会社のトップにどのような名称を用いるかはそれぞれの会社の自由に委ねられています。

　会社法上の取締役や代表取締役と、社長や専務、あるいは、執行役員の関係はどのように考えられるでしょうか？　株式会社では、やはり株主総会が最上位に位置します。株主総会が取締役を選任し、取締役会設置会社であれば取締役で構成される取締役会が会社の経営上の意思を決定し、代表取締役が決定された意思を執行します。しかし、代表取締役だけが執行するのでは忙しくて大変なので、多くの部下（履行補助者）が必要になります。ここに、代表取締役は同時に社長を兼務し、その補助者として専務、常務、執行役員、部長、課長、係長といった階層構造が形成されます。

第Ⅳ章

会社の機関：取締役、監査役

取締役会設置会社においては取締役会が、取締役会非設置会社においては取締役が株式会社の日常の業務執行を決定します。取締役は、会社の業務執行について責任を負います。取締役の業務執行を監査するのが監査役です。

38 取締役・代表取締役

業務全般を掌握し、会社の意思を決定します。

取締役会設置会社においては、取締役の職務は、取締役会に出席して会社の業務全般を掌握し、取締役会の決議に参加して職務執行に関する会社の意思を決定することです。取締役会で決定された意思を実行し、対外的に会社を代表する機関が代表取締役です。

取締役会設置会社では、取締役1人ひとりは会社の機関ではなく、取締役3人以上（331条5項）で構成される取締役会が会社の機関となります。この取締役会の決議により会社の意思が決定されます。取締役は株主総会によって選任され、会社と取締役の関係は委任の関係です（330条）。

取締役会の決議により決定された意思を実行し、対外的に会社を代表する機関が代表取締役です。代表取締役は、取締役会の決議により取締役の中から選ばれます（362条3項）。代表取締役は取締役会設置会社の機関で、員数は1人以上なら何人でもかまいません。代表取締役は登記事項です（911条3項14号）。

株主総会が取締役を選任し、その取締役によって構成される取締役会が代表取締役を選任するので、会社の機関としての関係は、株主総会が取締役会の上位機関であり、取締役会が代表取締役の上位機関となります。

しかし、実際には、代表取締役に実権が集中する場合が多く見られます。これは、株主が株の売買等による経済的利益のみを追求し、議決権の行使に関心を持たないため株主総会が形骸化し、取締役の地位は安定したものとなり、その中で最も有力な代表取締役に取締役会の権限が委譲により集中することになるからです。

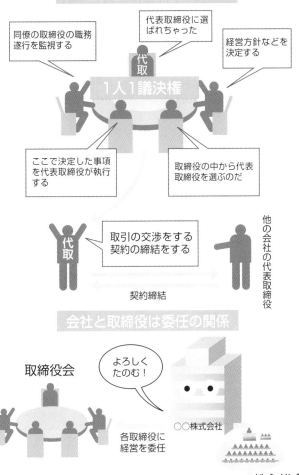

取締役と代表取締役

同僚の取締役の職務遂行を監視する

代表取締役に選ばれちゃった

経営方針などを決定する

代取

1人1議決権

ここで決定した事項を代表取締役が執行する

取締役の中から代表取締役を選ぶのだ

代取

取引の交渉をする契約の締結をする

他の会社の代表取締役

契約締結

会社と取締役は委任の関係

取締役会

よろしくたのむ！

○○株式会社

各取締役に経営を委任

株主総会

選任

39 取締役会の権限

会社の業務執行に関する諸事項を決定し、代表取締役を選定します。

取締役会は取締役の全員で構成され、決議により会社の業務執行に関する諸事項を決定します。重要な財産の処分や譲受け、多額の借財、社債発行に関する諸事項、内部統制システムなどは取締役会が決定しなければなりません（362条4項）。

　取締役会は会社の業務執行全般を決定することになっていますが、実際には、日常的な事項の大部分についての決定権限を代表取締役に委譲しています。それでも、取締役会が必ず決定しなければならない事項が定められています。すなわち、基本的には、取締役会は会社の業務執行を決定し（362条2項1号）、各取締役を監督し（2項2号）、代表取締役の選定及び解職を決定しなければなりません（2項3号）。また、重要な財産の処分及び譲受け（362条4項1号）、多額の借財（2号）、支配人その他の重要な使用人の選任・解任（3号）、支店その他の重要な組織の設置・変更・廃止（4号）、社債の募集に関する事項（5号）、内部統制システムの整備（6号）を決定しなければなりません。

　これらは会社にとって重要な事項なので、1人の代表取締役や一部の取締役の決定のみで処理することは許されません。また、これら以外の事項であっても会社にとって重要な業務執行については、取締役会で決定しなければなりません（362条4項柱書）。会社の業務執行に関する諸事項であっても、取締役会が最終的に決定できないものに、会社法又は定款が株主総会の権限と定めている事項があります（295条2項）。これらは、おおむね、会社の基礎的な事項であったり、または取締役会に決定させることが不都合な事項です。

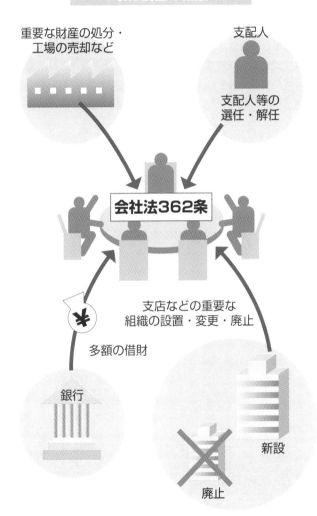

取締役会の権限

重要な財産の処分・
工場の売却など

支配人

支配人等の
選任・解任

会社法362条

多額の借財

銀行

支店などの重要な
組織の設置・変更・廃止

新設

廃止

40 取締役会の決議等

過半数の出席、その過半数の賛成で決議が成立します。

> 取締役会の決議は、取締役の過半数が出席し、出席した取締役の過半数の賛成により成立します。株主総会とは異なり、持株数に関係なく、1人1議決権です。取締役会には、取締役の代理人が出席することは、認められません。

　取締役会の決定は決議により行われます（369条1項）。定款に規定を置くことにより決議要件を加重することは許されますが、軽減することは許されません（369条1項）。なお、取締役から出された提案について、取締役の全員が書面又は電磁的記録により同意する旨の意思表示をしたときは、取締役会で承認する決議があったものとみなす旨を定款に定めることができます（370条）。また、代表権の剥奪に関する取締役会決議における当該代表取締役のように、決議の内容に特別の利害関係を有する取締役は決議に参加できません（369条2項）。

　取締役会は、各取締役が単独で招集できます（366条1項）。ただし、定款または取締役会において取締役会を招集する取締役を定めたときは、その者が招集権者になります。この場合、招集権者でない取締役は、招集権を有する取締役に取締役会の目的である事項を示して、招集を請求できます（366条2項）。この請求が無視された場合には請求した取締役が取締役会を招集できます（366条3項）。取締役会の招集通知は会日より1週間前までに発しなければなりませんが、定款に定めることにより短縮することができ、さらには、取締役及び監査役全員の同意があれば、招集手続を省略して取締役会を開催することもできます（368条1項、2項）。

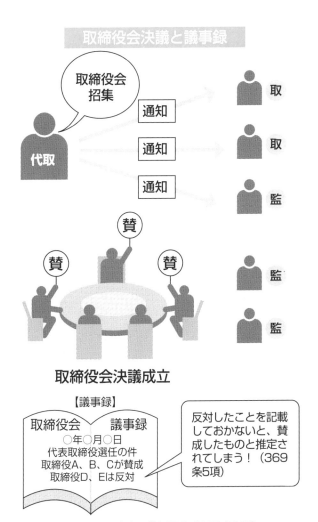

取締役会決議と議事録

取締役会招集

代取

通知 → 取

通知 → 取

通知 → 監

賛 賛 賛

監

監

取締役会決議成立

【議事録】

取締役会　議事録
○年○月○日
代表取締役選任の件
取締役A、B、Cが賛成
取締役D、Eは反対

反対したことを記載しておかないと、賛成したものと推定されてしまう！（369条5項）

・議事録を作成し10年間本店に備え置く（371条1項）
・議事録には議事の経過及び議事の結果を記載し、出席した取締役及び監査役が署名（369条3項、会社法施行規則101条3項）

95

41 取締役の資格

一定の条件を満たせば原則として誰でもなることができます。

> 法人、会社法や金融商品取引法などの特定の法律に違反し刑に処せられてから2年を経過しない者などを除き、誰でも、原則として取締役になることができます。公開会社が定款に「取締役は当社の株式を有しなければならない」と定めても、そのような定めは無効です。

　①法人、②会社法・一般社団法人法・金融商品取引法・民事再生法・会社更生法・破産法などの定める罪によって刑に処され、その執行を終えた日または執行を受けることがなくなった日から2年を経過しない者、③右の法律以外の法令の規定に違反し、執行猶予中の者を除き、禁錮以上の刑に処され、その執行を終了していない者、または執行を受けることがなくなっていない者のいずれかに該当する者は取締役になれません（331条1項）。そうでなければ、誰でも、原則として取締役になることができます。ただし、同一の会社において同じ者が取締役と監査役を兼任することは禁じられています（335条2項）。

　公開会社においては、取締役がその会社の株式を有することを取締役の条件とする定めを定款に設けても無効です（331条2項）。公開会社においては取締役としての人材を株主に限定せず、広く一般から求めるべきだと考えられているからです。

　定款に、取締役は日本国籍を有する者に限るといった定めを置くことが問題となります。定款自治の原則を強く主張する者は有効とし、実際、有効と判断した下級審判決（名古屋地裁昭和46年4月30日判決）がありますが、現在の日本社会の国際化及び331条2項の趣旨を考慮すれば、無効と考えられます。

取締役の資格要件

会社法331条に該当
しなければ可

取締役

法人

×

成年被後見人

○

令和元年の会社法
改正により、
成年被後見人も
取締役になれること
になった。

?

個人破産

（民法653条が
問題となる）

×

懲役・禁錮

会社の外部者の視点で経営を監視します。

指名委員会等設置会社、監査等委員会設置会社では社外取締役が必要となります（400条3項、331条6項）。委員会設置会社を除き、公開会社である大会社は監査役会の設置が必要となります（328条1項）。監査役会の監査役は半数以上が社外監査役でなければなりません（335条3項）。

社外取締役とは、会社の取締役であって、おおむね、①現在及び就任前10年間、当該会社またはその子会社の業務執行取締役等でなく、②その就任前10年内において当該会社またはその子会社の取締役、会計参与または監査役であった者については、当該取締役、会計参与等への就任の前10年間当該会社またはその子会社の業務執行取締役等であったことがなく、③当該会社の親会社等の取締役、執行役、使用人でなく、④親会社等の子会社等の業務執行取締役等でなく、⑤当該会社の取締役、執行役、重要な使用人等の配偶者または二親等内の親族でない者を言います（2条15号）。なお、業務執行取締役等とは、業務執行取締役、執行役、支配人及びその他の使用人を言います（2条15号イ）。指名委員会等設置会社、監査等委員会設置会社などでは、社外取締役が必要となります（400条3項、331条6項、327条2項）。

社外監査役とは、会社の監査役であって、おおむね、①その就任の前10年間、当該会社またはその子会社の取締役、会計参与、執行役、使用人等であったことがなく、②現在、親会社等の取締役、監査役、執行役、使用人等でなく、③親会社等の子会社等（当該会社を除く）の業務執行取締役等でなく、④当該会社の取締役、重要な使用人等の配偶者または二親等内の親族でない者を言います（2条16号）。監査役会設置会社では、社外監査役が必要となります。

社外取締役

社外取締役

指名委員会等設置会社、監査等委員会設置会社、及び、公開会社かつ大会社かつ監査役会設置会社であるいわゆる有価証券報告書提出会社（327条の2）では社外取締役が必要です。

社外監査役

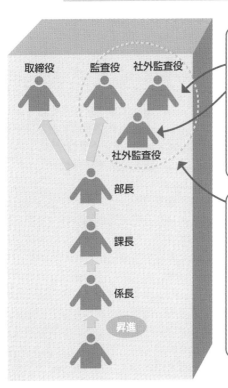

取締役　監査役　社外監査役

社外監査役

就任前10年間、この会社または子会社の取締役または使用人でなかった者（正確には左頁参照）

部長

課長

係長

昇進

委員会設置会社を除き、公開会社である大会社では必ず監査役会を設置するので、監査役は3人以上必要

43 取締役の選任

株主総会の決議が必要です。

取締役は株主総会の決議により選任されます。取締役を選任する株主総会において書面または電磁的方法による議決権行使が認められる場合には、取締役候補者の略歴、その者が有する当該会社の株式数等を記載した株主総会参考書類が株主に交付されなければなりません。

　取締役の選任権は株主総会に専属しており、取締役は株主総会の決議により選任されます（329条1項）。なお、取締役の選任等に関する種類株式（108条1項9号）が発行されている場合には、その種類株主総会で取締役を選任します。

　取締役を選任する株主総会は通常の総会成立要件よりも厳重です。取締役を選任する株主総会においては、通常の普通決議と異なり、定款によっても定足数を排除することは許されず、定足数を下げるとしても議決権を行使できる株主の議決権総数の3分の1未満にはできないと規定されています（341条）。決議は、出席した株主の議決権総数の過半数の賛成により成立します（341条）。

　取締役を選任する株主総会において、取締役会が書面もしくは電磁的方法による議決権行使を認める場合、または、議決権を行使できる株主が1,000人以上であって書面による議決権行使をしなければならない場合には、①取締役候補者の氏名、②生年月日、③略歴、④就任の承諾を得ていないときはその旨、⑤当該候補者が有する当該会社の株式数、⑥候補者と会社との間に特別の利害関係があるときはその事実、及び、⑦候補者が現に当該会社の取締役であるときは会社における地位及び担当などを記載した書類（＝株主総会参考書類）を株主に交付しなければなりません（298条、301条、302条、会社法施行規則74条）。

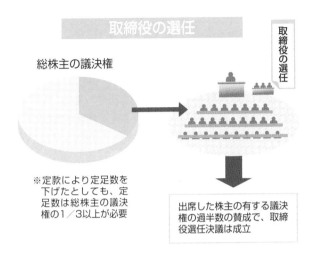

取締役の選任

総株主の議決権

取締役の選任

※定款により定足数を
下げたとしても、定
足数は総株主の議決
権の1／3以上が必要

出席した株主の有する議決
権の過半数の賛成で、取締
役選任決議は成立

株主に書面による議決権行使を認める場合、会社は株主に対し、
取締役候補者についての詳しい情報を記載した株主総会参考書類
を交付しなければならない（301条1項）。

取締役候補者	
日経　太郎	1961年12月8日生 1984年日本経済新聞社入社 …………………………… …………………………… 保有する当社株式数10000株 ……………………………

44 取締役の終任

いつでも自由に辞任できます。

取締役はいつでも自由に辞任できます。会社法331条が定める欠格事由に該当することになった場合、及び、任期満了になった場合、取締役は終任となります。株主総会はいつでも理由の如何を問わず取締役を解任できます。

取締役が、会社法や金融商品取引法の規定に違反し刑に処せられたなどの331条1項が定める欠格事由に該当することになった場合、その取締役は終任となります。また、取締役と会社との関係は委任関係（会社が委任者であり、取締役が受任者です）ですから、取締役はいつでも辞任でき（330条、民法651条）、取締役が死亡した場合や破産した場合、取締役は終任となります（330条、民法653条）。取締役の任期は通常は2年です（332条1項）。公開会社の場合、定款や株主総会決議により、任期をこれ以上に長く定めても2年を超える部分は無効です。任期が満了すると取締役は終任となりますが、再任も可能です。

株主総会は普通決議（ただし、定足数要件は厳しい）により、いつでも、また、理由の如何を問わず、取締役を解任できます（339条1項、341条）。取締役の任期が定められている場合に、正当な理由なしに任期満了前に解任された取締役は、会社に対し損害賠償を請求できます（339条2項）。取締役の職務執行に関し不正の行為がなされていたり、法令または定款に違反する重大な事実があるにもかかわらず、株主総会が解任を否決した場合には、6か月前より引き続いて総株主の議決権または発行済株式総数の100分の3以上を有する株主は、否決された日より30日以内に、問題の取締役の解任を裁判所に請求できます（854条1項）。

取締役の終任事由

取締役終任

- いつでも辞任できる
- 任期満了
- 会社法331条の事由に該当するとき
- 株主総会の解任決議
- 裁判所の解任判決

取締役はいつでも辞任できる

サヨナラ！

信頼

○○株式会社

委任関係の終了

※辞任または任期満了により、取締役の数が会社法または定款で定めた員数を欠くときは、新取締役が選任されるまで、前取締役は取締役としての権利義務がある（346条1項）。

表見代表取締役の制度は会社と取引を行う相手方を保護するための制度です。社長や副社長といった肩書や名称を使用する者が真実は代表取締役でなかったとしても、取引の安全（＝相手方の保護）を重視し、その者が締結した契約を会社の契約として有効とするのが表見代表取締役制度の効果です。

本来、会社代表権を持たない者が会社を代表して契約を締結しても、会社を契約当事者とする契約は無効です。しかし、会社側の者が社長、副社長といった肩書・名称を使用し、会社と取引をする者が、その者が代表取締役でないことにつき善意無重過失であれば、その契約を有効にするというのが表見代表取締役制度の効果です（354条）。会社と取引をする者は、そのような肩書き・名称を使用する者は会社の代表権を持っていると考えるのが通常だからです。

表見代表取締役の規定（354条）により、取引の相手方が保護されるためには以下の4要件を充たすことが必要です。

第1に、社長、副社長などの「会社を代表する権限を有するものと認められる名称」が使用されたこと。

第2に、肩書き・名称の使用を会社が認めていること。本人がかってに肩書き・名称を使用しただけでは要件を充たしません。しかし、その場合でも、会社が知りながら放置していたときは要件を充たします。

第3に、会社代表権を持たないことについて、取引の相手方が善意・無重過失であること。

第4に、会社法354条の文言は少なくとも「取締役」であることを必要としますが、最高裁は、会社の使用人（＝従業員）が常務取締役の名称を使用した場合について、表見代表取締役の規定を類推適用して会社の責任を認めました。

表見代表取締役

（代表権なし）

社長
○○株式会社
甲野一郎

相手方A

社長の記名押印をもらったから、○○会社との契約が成立したと思う。

契約成立？

○○株式会社

本来、社長であっても、会社の代表権を持っていないと、会社を当事者とする契約は有効に成立しない。

しかし、相手方Aは、社長の記名押印をもらったのだから、会社との契約は成立したと信じている。

そこで、相手方Aを保護するために、表見代表取締役の制度が機能する。

契約成立♥

○○株式会社　　　　　　　相手方A

46 法令・定款・株主総会決議遵守義務

取締役は法令・定款等を遵守しなければなりません。

> 取締役は、会社の経営を行うにあたり、日本国内で効力のあるすべての法令、自らの会社の定款、および、自らの会社の株主総会の決議を遵守しなければなりません（355条）。会社が外国で事業を展開するときは、当然に、その国の法令も遵守しなければなりません。

　取締役は、会社の経営を行うにあたり、日本国内のさまざまな法令に抵触することは許されません。例えば、取締役が故意に他人の著作権を侵害して、会社の利益を追求することを考えてみます。この場合、取締役個人は10年以下の懲役又は1,000万円以下の罰金に処されます（著作権法119条1項）。同時に、当該取締役の帰属する株式会社に対しても3億円以下の罰金が科されます（著作権法124条1項1号）。仮に3億円の罰金が科されたとしますと、取締役の行った法令違反行為が原因となって、会社には3億円の損害が生じたことになります。したがって、後述しますように、会社は当該取締役に対して3億円の損害賠償請求をすることができます（423条）。

　取締役が遵守すべき日本国内のさまざまな法令としては、会社法、金融商品取引法、刑法、独占禁止法、不正競争防止法、特許法、著作権法、労働基準法、労働安全衛生法、雇用機会均等法、労働組合法など多数あります。

　取締役がその会社の定款の内容を知っていることは当然と言えます。また、取締役がその会社の株主総会の決議の存在および内容を知っていることも当然と言えます。株主総会決議は、それが無効・不存在、または、取締役会設置会社において会社法295条2項に違反しない限り、取締役は株主総会の決議内容を遵守しなければなりません。

法令・定款・株主総会決議遵守義務

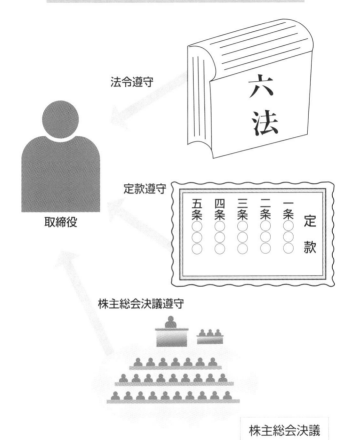

法令遵守

六法

定款遵守

定款
一条 ○○
二条 ○○
三条 ○○
四条 ○○
五条 ○○

取締役

株主総会決議遵守

株主総会決議

大阪地裁平成17年2月9日判決	食品衛生法によって使用が禁止されている添加物を含むことを知りながら、食品の販売を決定した取締役に約106億円の損害賠償責任が認められた。

47 善管注意義務と経営判断の原則

当然と考えられる注意を尽くす義務があります。

会社と取締役の法律上の関係は委任関係ですから、取締役は
その職務を遂行する際に、会社に対して善管注意を尽くすべ
き義務を負います。この善管注意義務とは、取締役の地位に
ある者ならば、当然と考えられる注意を尽くさなければなら
ない義務です。

　会社と取締役の法律上の関係は委任関係です（330条）。
会社が委任者、取締役が受任者であり、委任事務は「会社の
経営」です。したがって、取締役が取締役会の構成員として
職務を行う際及び代表取締役や選定業務執行取締役が職務を
行う際には、受任者として善良な管理者としての注意義務（善
管注意義務）を尽くさなければなりません（民法644条）。
これを怠りますと、会社が被った損害についての損害賠償責
任が生じます（423条1項）。

　株主は資本を形成する金銭を出資し、取締役はこれを経営
により増殖させる任務を負います。しかし、事業の経営とは
そもそも、リスクを伴いつつ利益をあげることを目標として
います。そこで、取締役達が、リスクを伴う事業の遂行を安
心して決定できるようにするために、経営判断の原則（ビジ
ネスジャッジメントルール）が認められることになりました。
これは、取締役が事業上の決定を行う際に、リスクを計算に
入れ、必要な情報を十分に考慮したうえで会社にとって最善
の利益を図ることを確信して事業の遂行を決定した場合に
は、結果としてその事業に失敗し、会社に損害をもたらすこ
とになっても、取締役には善管注意義務違反に基づく責任は
発生しないとするものです。母法のアメリカ会社法では、経
営判断の原則は、忠実義務違反や法令違反に基づく責任を免
責することはありません。

ビジネスジャッジメントルールの適用される要件

①決定に必要な情報を十分に収集すること。
②情報を熟知したうえで、取締役会で十分に議論すること。
③会社の利益になると考えて、決定すること。

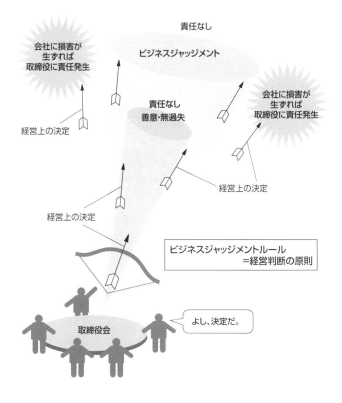

48 取締役の忠実義務

会社を犠牲にして不当に利益を得てはならないという義務です。

会社と取締役が利益の対立する状況になる場合に、取締役は会社を犠牲にして自己の利益を追求してはならないという義務です。会社法は、特に、①競業の場合、②利益相反取引の場合、③報酬の決定の場合について条文で規定しています。

　取締役の忠実義務は、会社法355条にその根拠規定があります。この規定は昭和25年の商法改正により新設されたため、善管注意義務とどのような関係にあるかが問題となります。判例・通説は、両者を同じものととらえ、忠実義務は従来の善管注意義務の一部を特に強調したものと考えています。これに対し現在では、忠実義務は、アメリカの会社法で発展した受託者としての義務のことであり、従来の善管注意義務とは明確に異なる概念であるとの考えが有力です。つまり、忠実義務とは、会社と取締役が利益の対立する状況になる場合に、取締役は会社の利益を犠牲にして自己の利益を追求してはならないという義務です。

　会社法は、一般的な忠実義務のうち、いくつかの典型的な類型について特に条文をもって規定しています。それは、①競業避止義務を負う場合（356条1項1号）、②利益相反取引となる場合（356条1項2号、3号）、③取締役の報酬に関する場合（361条1項）です。これらの3つの場合に該当しなくても、取締役と会社との間に利益の対立が生じる場合には忠実義務の考え方が大きな意味を持つことになります。具体的には、取締役により会社の利得の機会が奪われる場合や取締役が会社の秘密の情報を利用して個人的に利益を得る場合などが考えられます。

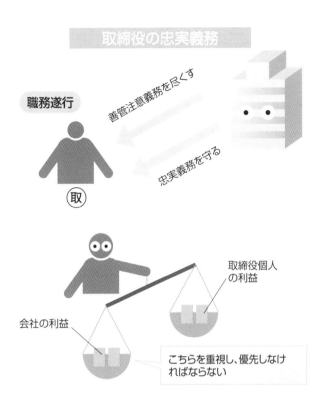

取締役の忠実義務

職務遂行

善管注意義務を尽くす

忠実義務を守る

(取)

取締役個人の利益

会社の利益

こちらを重視し、優先しなければならない

忠実義務が問われたケース

最高裁平成12年10月20日判決	2つの会社を兼任する取締役が、一方の会社の利益のために、他方の会社に不利な取引を行わせることは、忠実義務に違反する。
前橋地裁平成7年3月14日判決	会社の取締役が同業の会社を設立し、従業員を自己の会社に転職させ、取引先を奪取することは、忠実義務に違反する。

取締役が会社と取引を行う場合、取引の内容が会社に不利益にならないようにチェックするため、取締役会設置会社では取締役会の承認を必要とします。承認された取引を実行した後、取締役は重要な事実を取締役会に報告しなければなりません。

　取締役が個人として会社と取引を行う場合、その取引について当該取締役が決定権や代表権を有していれば、価格や内容等において自己の利益を図り、会社に不利益をもたらす可能性があります。また、たとえ当該取締役が決定権や代表権を有していなくても、同僚である他の取締役が決定権や代表権を有していれば便宜を図るおそれがあります。そこで、取締役会設置会社では、取引の内容が会社に不利益にならないようチェックするため、取締役が会社と取引を行う場合には、必ず事前に当該取引につき重要な事実を開示したうえで取締役会の承認を受け（356条1項2号、3号、365条1項）、さらに、取引の後には、遅滞なく取引についての重要な事実を取締役会に報告しなければならないと規定されています（365条2項）。

　取締役会の承認を必要とする取引には、取締役と会社との間でなされる取引（直接取引）のほかに、取締役が第三者に対し負っている債務について会社に連帯保証や債務引受を行わせるなど、取締役個人に利益をもたらし会社に損害をもたらす取引（間接取引）も含まれます。

　利益相反取引の規制は、会社と取締役との間の利益衝突から会社を保護することを目的としますから、取締役が会社に無利息・無担保で金銭を貸し付ける場合等には、会社に不利益が生じないので、取締役会の承認は不要と解されています。

会社の製品

○○株式会社

(取)

会社の財産を
安く買う可能性あり

→会社に損害

○○株式会社

(取)

取締役の所有する財産を
高く売る可能性あり

→会社に損害

50 競業避止義務

原則として会社と競合する取引は禁止されています。

取締役個人が第三者と会社の事業の部類に属する取引を行う場合には、利益の追求において、会社と取締役個人とが競合することになります。そこで、会社法は、原則として、取締役が会社と競合する取引を行うことを禁止しています。

競業行為として禁止されるのは、会社の事業と競合し利益の衝突が生ずるおそれのある取引です（356条1項1号）。商品の種類が異なったり、事業の地域が異なったりすれば競合しないことになります。

取締役会設置会社においては、競業となる取引であっても、事前に当該取締役が取引に関する重要な事実を取締役会に開示して、取締役会の承認を受ければ、取引を行うことができます（356条1項1号、365条1項）。承認を受けたときは、取引を行った後に、当該取締役はその取引に関する重要な事実を取締役会に報告しなければなりません（365条2項）。

取締役会の承認を受けずに取引を行った場合でも、第三者側の取引安全を配慮しなければならないため、取引そのものが無効や取消可能ということにはならず、取引は有効のままです。

ただし、当該取締役は会社法を遵守しなかったことにより、会社に対し任務懈怠による損害賠償責任を負います（423条1項）。この場合、取締役や第三者が得た利益額は会社の被った損害額であると推定されます（423条2項）。

なお、取締役会を設置しない会社では、株主総会の承認を受けなければなりません（356条1項）。

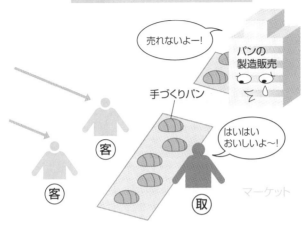

競業避止義務

売れないよー！

パンの製造販売

手づくりパン

はいはい
おいしいよ〜！

客

客

取

マーケット

取締役は会社の事業と同種の
事業を行ってはならない。

**どうしても同種の事業を行いたいときは、
取締役会の承認が必要となる**

賛

賛

賛

51 取締役の報酬

取締役の報酬等は定款または株主総会決議により定められます。

取締役の報酬と賞与は、定款または株主総会の決議により定められなければなりません。ただし、取締役１人ひとりの報酬額や賞与額を株主総会の決議等で定める必要はありません。令和元年の改正により、会社が新たに発行する株式や新株予約権を取締役の報酬とすることが認められました。

取締役の報酬は、会社の業務執行上の決定に含まれるため、本来であれば、取締役会が決定することになります。しかし、それでは取締役会が個々の取締役の報酬額をむやみに高額にするおそれ（「お手盛り」と呼びます）が生じます。そこで会社法は、取締役の報酬は以下のように定款で定めるか株主総会で決定しなければならないと規定しています（361条1項）。すなわち、①報酬の中で額が確定しているものについてはその額、②報酬の中で額が確定していないものについてはその具体的な算定方法、③報酬の中で金銭以外のものについてはその具体的な内容を定めます。

ただし、実務では次のように処理されています。①取締役１人ひとりの報酬額を株主総会で決定する必要はなく、取締役全員の報酬の総額、それも最高限度額を決定すればよい。②ひとたび最高限度額を決定した場合には、その最高限度額についての株主総会の決議はその後の年度においても引き続き効力を有する。③このように決められた最高限度額の範囲内で、取締役会が各取締役の報酬額を決定する。

取締役の賞与については、会社法制定前には、全取締役に対し支払われる総額が定時株主総会に提出される利益処分案の中の一項目として株主総会の決議により決定されていましたが、会社法の下では、上記の報酬と同様に定款または株主総会の決議により定められることになりました（361条1項）。

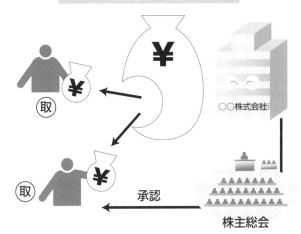

取締役の報酬

○○株式会社

取

取

承認

株主総会

取締役会で取締役の報酬額を決めることができると、
自分達の取り分をどんどん増額する可能性がある。
だから、株主総会の承認が必要。

取締役の報酬に関する議案の例

第○号議案　取締役の報酬額改定の件

　当社の取締役の報酬額は、2021年3月30日開催の当社第○
○期定時株主総会において、「年額12億円以内」とする旨ご承
認いただき今日に至っておりますが、取締役の退職慰労金制
度廃止、その他諸般の事情を考慮して、取締役の報酬額を「年
額18億円以内」と改訂させていただきたいと存じます。なお、
取締役の報酬額には、従来どおり使用人兼務取締役の使用人
分の給与は含まれないものといたしたいと存じます。

ストック・オプション

一定数の株式を一定の価額で取得できる権利のことです。

> ストック・オプションとは、会社から与えられる権利であっ
> て、会社に対し、一定の期間内に、一定数の株式を一定の金
> 額で取得できる権利のことです。

　ストック・オプションは平成9年に商法に規定が設けられ
ましたが、平成13年改正により、新株予約権制度が設けら
れたことに伴いその規定は削除されました。しかし、現在で
も、新株予約権を利用することにより、かつてのストック・
オプションと同様のものがつくれます。

　新株予約権をストック・オプションとして発行することは、
通常、新株予約権の有利発行となりますから、株主総会の特
別決議が必要となり、取締役はその株主総会で特に有利な条
件や金額で新株予約権を発行する理由を説明しなければなり
ません（240条1項、238条3項）。そして、新株予約権の目
的となる株式の種類及び数、権利行使期間、新株予約権の行
使に際して出資する財産の価額、行使条件などを株主総会の
特別決議により決定します（236条、238条、309条2項6号）。

　新株予約権をかつてのストック・オプションのように取締
役や従業員へのインセンティブ報酬として利用することがで
きます。例えばその発行の際の株価が200円の場合、払込金
額を0円、行使の際の出資金額を500円と設定した新株予約
権を取締役や従業員に与えます。仮に株価が800円になれば、
取締役や従業員は500円を出資して新株予約権を行使し株式
1株を受け取り、これを株式市場で800円で売却すれば、た
だちに300円の利益を得ることができます。

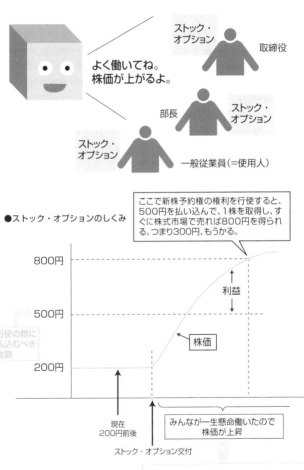

ストック・オプション

よく働いてね。
株価が上がるよ。

取締役
ストック・オプション

部長
ストック・オプション

一般従業員(=使用人)
ストック・オプション

●ストック・オプションのしくみ

ここで新株予約権の権利を行使すると、500円を払い込んで、1株を取得し、すぐに株式市場で売れば800円を得られる。つまり300円、もうかる。

800円

500円

行使の際に
払込むべき
金額

200円

利益

株価

現在
200円前後

ストック・オプション交付

みんなが一生懸命働いたので
株価が上昇

ただし、ここの理屈が、いつでも正しいと
いえるのかが問題!

119

53 取締役の会社に対する責任

基本的な責任は任務懈怠責任です。

取締役の会社に対する責任の中で、基本的な責任は、任務懈怠責任です。このほか、株主権の行使に関し利益供与を行った場合の責任（120条4項、無過失責任）、剰余金の違法配当を行った場合の責任（462条）、期末の欠損塡補責任（465条）などがあります。

取締役の会社に対する責任の中で、基本的な責任は、会社法423条1項所定の任務懈怠責任です。なお、競業取引に関しては損害額の推定規定（423条2項）があり、利益相反取引に関しては、取締役等に過失があることの推定規定（423条3項）と直接取引の場合に取締役の無過失責任を定める規定があります（428条1項）。取締役は、法令・定款・株主総会の決議を遵守する義務を負います（355条）から、故意または過失により法令、定款または株主総会の決議の内容に違反する行為や決定をした場合、それにより会社に生じた損害を賠償しなければなりません。

任務懈怠責任（423条1項）とは、「任務を怠ったとき」と定めるので、無過失で法令、定款または決議の内容に違反した場合には会社法423条1項所定の責任は生じません。もっとも、定款違反や株主総会決議の内容違反の場合に無過失が認められる余地はほとんどありません。このほか、取締役と会社の関係が委任関係（330条）であることから、取締役は職務を執行するにあたり、受任者として善管注意義務を負います（民法644条）。また、取締役は特に忠実義務を遵守する義務を負います（355条）。これらの善管注意義務や忠実義務に違反すると任務懈怠責任となり、取締役は会社に対し損害賠償責任を負うことになります。

会社に対する責任
① 任務懈怠責任(423条1項)
　　　法令・定款等遵守義務違反
　　　善管注意義務違反
　　　忠実義務違反
② 利益相反直接取引の責任(428条)
③ 株主権行使に関する利益供与責任(120条)
④ 違法配当等の責任(462条)
⑤ 株式買取請求権の行使に係る責任(464条)
⑥ 欠損填補責任(465条)

責任は重い

取

取締役の会社に対する責任が問われたケース

東京地裁昭和54年7月25日判決	配当可能額がないのに利益配当を内容とする利益処分案を株主総会に提案して承認決議を得た場合、取締役には旧商法266条1項1号(会社法462条1項6号)に基づく損害賠償責任がある。
大阪高裁平成11年7月21日判決	過大な株式投資や信用取引を借入金で行い、損失を生じ会社を倒産させた場合、取締役には旧商法266条1項5号(会社法423条1項)に基づく損害賠償責任がある。

> **取締役がその職務を行うについて悪意または重大な過失により第三者（主として会社債権者）に損害を与えた場合は、その職務を行った取締役は損害賠償の責任を負わなければなりません（429条1項）。**

　取締役が職務を行うについて悪意または重過失があり、その結果、第三者に損害を生じさせた場合、その取締役は損害を賠償する責任を負うと定められています（429条1項）。

　この規定により取締役の責任を問題とする際、第三者が被った間接損害のみを対象とするか、直接損害のみを対象とするか、両損害を対象とするかという問題があります。間接損害とは、取締役が職務を行う際に悪意または重大な過失があり、会社に損害が発生し（会社資産の消失・莫大な損害等）、それにより会社が債務の弁済を行えなくなり、その結果として第三者が被る損害を言います。直接損害とは、取締役が職務を行うにつき悪意または重大な過失があったことにより第三者が直接に被る損害を言います（支払見込みのない手形を振り出した場合の手形所持人等）。判例・通説は、429条1項は間接損害と直接損害の両方を対象とし、通常の不法行為責任（民法709条）と本条の責任は併存すると解しています。

　429条2項は、取締役が株式や社債を募集する際の重要事項についての虚偽の通知や募集のための説明資料の虚偽記載、計算書類や事業報告の虚偽記載、虚偽の登記、虚偽の公告等を行った場合に、それを信じて損害を被った第三者に対する損害賠償責任を規定しています。この場合、取締役は過失のなかったことを証明しなければなりません（429条2項）。

取締役の第三者に対する責任

会社法429条

①放漫経営により債権の弁済を受けられなくなった債権者

②弁済見込みのない契約により損害を被った債権者

③支払見込みのない手形の振出により損害を被った者

損害賠償請求

損害賠償請求

損害賠償請求

取　　取

お金がなくて支払えないよー

判例に基づく類型別分類

①放漫経営
②弁済見込みのない契約の締結
③支払見込みのない手形の濫発
④取締役相互の監督監視義務違反
⑤その他

55 取締役の責任の一部免除

会社に対する責任を全額免除するためには総株主の同意が必要です。

取締役の会社に対する責任の一部を免除するには、①株主総会の特別決議、②監査役設置会社または指名委員会等設置会社などにおいて定款に一部免除に関する定めがあるときの取締役会決議、③定款に責任限定契約を締結できる旨の定めがあるときの責任限定契約の締結、といった方法があります。

会社法 423 条 1 項所定の取締役の会社に対する責任を全て免除するためは、総株主の同意が必要です（424 条）。

このほか、取締役が 423 条 1 項所定の責任を負う場合、その取締役が職務を行うにつき善意であって重過失がない場合に限り、株主総会の特別決議（309 条 2 項 8 号）により、取締役が責任を負う額から以下の①および②の金額（＝これを最低責任限度額という）を控除して得た額を限度として、423 条 1 項所定の責任の一部を免除できます（425 条 1 項）。①その取締役が在職中に職務執行の対価（使用人としての報酬等を含む）として会社から受け、または受けるべき財産上の利益の 1 年間当たりの額として算定される額に、代表取締役については 6、業務執行取締役（2 条 15 号イ括弧書）については 4、社外取締役等については 2 を乗じた額。②その取締役が、新株予約権を引き受けた場合における当該新株予約権に関する財産上の利益に相当する額。

取締役は、この株主総会決議において、責任の原因となった事実および賠償責任を負う額、責任を免除することができる額の限度およびその算定の根拠、ならびに責任を免除すべき理由および免除額、を開示しなければなりません（425 条 2 項）。取締役が責任の一部免除に関する議案を株主総会に提出するには、監査役設置会社では監査役全員の同意、指名委員会等設置会社では監査委員全員の同意が必要です（425 条 3 項）。

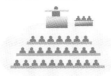

重い責任

株主総会の特別決議
または、
定款の定めにより、
取締役会の決定

取締役

取締役

全責任額

責任を減額
できる範囲

①
＋
②

絶対に
責任を負う額
（最低責任限度額）

【最低責任限度額の概要】

①法務省令で定める報酬、賞与、その他職務執行の対価および退職慰労金の合計額の4年間相当分（代表取締役は6年間相当分、社外取締役は2年間相当分〈425条1項1号、会社法施行規則113条〉）

②特別決議に基づき発行を受けた新株予約権（240条1項、238条3項）について就任後に権利行使したときはその差益額、新株予約権を就任後に譲渡したときは譲渡価額から新株予約権の払込金額を控除した額に譲渡した数を乗じた額（425条1項2号、会社法施行規則114条））。

56 取締役のための補償契約等

取締役が支払った弁護士報酬等を会社が補償する契約です。

> 補償契約とは、取締役が職務執行に関して刑事責任や民事責任等を追及する訴えを提起されときに、取締役が支払った弁護士報酬等を会社が補償する契約をいいます。役員等賠償責任保険契約は、取締役が職務執行に関して支払うことになった損害賠償金等を、保険会社が塡補する契約をいいます。

　補償契約とは、取締役が職務執行に関して刑事責任や民事責任等を追及する訴えを提起された場合に、応訴するために取締役が支払った防御費用（弁護士報酬等）を会社が補償することや、取締役が職務執行に関して第三者から損害賠償を請求され、その第三者に支払った金額のうち本来当該取締役の会社に対する責任とされない金額を会社が補償することを内容とする契約をいいます（430条の2第1項2項）。このような補償契約は、取締役が利得し会社が損をする取締役・会社間の契約ですから、直接取引型の利益相反取引に該当します。しかし、経営者側からの強い要求により、補償契約の締結については利益相反取引の規制（356条、423条3項、428条等）の適用が排除されています（430条の2第6項）。

　役員等賠償責任保険契約とは、取締役が職務執行に関してなんらかの損害賠償責任を負った場合に、保険会社が取締役に対し損害賠償額や防御費用を塡補する内容の保険契約をいいます。役員等賠償責任保険契約は、会社が保険料を支払い、取締役は上記の責任が生じたときに被保険者として利益を得るという内容の会社・保険会社間の契約ですから、典型的な間接取引型の利益相反取引に該当します。しかし、経営者側からの強い要求により、役員等賠償責任保険契約の締結についても利益相反取引の規制（356条、423条3項等）の適用が排除されています（430条の3第2項）。

補償契約

取締役 ①弁護士報酬を支払う。 弁護士

②

気の毒だから
補償して
あげる。

会社

役員等賠償責任保険契約

会社 保険会社

①あらかじめ役員等賠償責任
保険契約を締結しておく。

取締役 怒っている
第三者

怒

②損害賠償金を
支払った。

③支払った金額を
塡補する。

57 株主代表訴訟

取締役に対する損害賠償等の請求権を株主が会社に代わって行使します。

会社は、任務を懈怠した取締役に対し、損害賠償の責任を追及できると定められています。しかし、会社が取締役に対し責任追及の訴えを提起することはあまり期待できません。そこで、会社が持つ取締役に対する損害賠償請求権を、株主が会社に代わって行使することが認められています。

　株主総会において取締役を選任しまたは解任すること以外には、原則として、取締役と株主との間には直接の関係はありません。しかし、例外の１つとして、本来は会社が追及すべき取締役の責任を、会社に代わり個々の株主が訴えを提起して追及する制度があります。これが、株主代表訴訟です（847条）。株主代表訴訟を提起する株主は、訴え提起の６か月前から引き続き株式を有していなければなりません（847条１項）。株主は、はじめに書面等により取締役の責任を追及する訴えを提起することを会社に対し請求し（847条１項）、請求の日から60日以内に会社が訴えを提起しないときは、その株主は、会社のために、会社に代わって、取締役に対し損害賠償等の責任追及の訴えを提起することができます（847条３項）。

　最高裁は、株主代表訴訟によって追及できる取締役の責任について、取締役が会社に対して負っているおおむね全ての責任と判断しました。代表訴訟を提起した株主が勝訴した場合、その株主は、会社に代わって会社のために訴訟を行ってきたのですから、被告である取締役は、株主にではなく会社に対して賠償金を支払うことになります。

　なお、責任追及等の訴えが当該株主もしくは第三者の不正な利益を図る目的や会社に損害を加えることを目的とする場合には、訴えは棄却されます（847条１項但書）。

株主代表訴訟

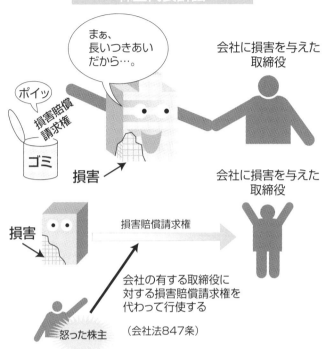

まぁ、長いつきあいだから…。

ポイッ

損害賠償請求権

ゴミ

会社に損害を与えた取締役

損害

会社に損害を与えた取締役

損害

損害賠償請求権

会社の有する取締役に対する損害賠償請求権を代わって行使する

（会社法847条）

怒った株主

主な株主代表訴訟

日本サンライズ・東京地裁平成5年9月21日判決	多額の借入金による株式投資により会社に損害を生じさせた取締役に約3億円の損害賠償責任を認めた。
オリンパス・最高裁令和2年10月22日判決	長期間の粉飾決算に基づく違法配当などについて、取締役3人に約594億円の損害賠償責任を認めた東京高裁判決を、最高裁が肯定した。
大和銀行・大阪地裁平成12年9月20日判決	ニューヨーク支店での巨額の損失に関して、取締役に合計約830億円の損害賠償責任を認めた。

58 執行役員

取締役会制度改革の1つとして導入されています。

執行役員は、取締役会等によって選任されます。多くの場合、特定部門の従業員の最上位の者に与えられる肩書きです。執行役員は、代表取締役や選定業務執行取締役の指揮の下で会社の業務執行の一部を担い、まかされた部門を運営します。

　日本の大規模な会社において、取締役会制度改革の1つとして執行役員制度が導入されています。アメリカの会社法のオフィサー（Officer）制度の名称だけを模倣したもので、実体はだいぶ異なります。実務で既に導入されている執行役員制度ですが、現在のところ、会社法に執行役員に関する規定は存在せず、その地位・権限・員数等は各会社により異なります。執行役員制度を導入した会社の多くにおいては、執行役員は、取締役会等によって選任され、特定部門の従業員の最上位の者に与えられる肩書きとなっています。会社との関係は雇用関係又は委任関係となります。執行役員制度を導入したほとんどの会社では、取締役の員数を減少させ、これにより、今まで員数が過剰で実質的な話合いが困難となっていた取締役会の活性化を図っています。

　執行役員は取締役でも会社法上の役員等でもないので、会社法の取締役・役員等に関する規定、例えば、取締役・役員等の会社に対する責任の規定（423条）、取締役・役員等の第三者に対する責任の規定（429条）、株主代表訴訟の規定（847条）等が適用されることはありません。

　なお、執行役員は、指名委員会等設置会社における「執行役」とは異なります。

執行役員制度

〔取締役会〕 [経営の意思決定と業務執行の監督]

代表取締役

執行役員

| CEO | CFO | CTO | CIO |

執行役員は会社の使用人としての責任を負うが、
取締役の責任は全く負わない。

(注) ・CEO(Chief Exective Officer)　　　最高経営責任者
　　　・CFO(Chief Financial Officer)　　　最高財務責任者
　　　・CTO(Chief Technology Officer)　　最高技術責任者
　　　・CIO(Chief Information Officer)　　最高情報責任者
　　　・COO(Chief Operating Officer)　　最高執行責任者

執行役員制度のメリット、デメリット

メリット	デメリット
・取締役の員数を減らすことができる ・取締役会の活性化が図れる ・執行役員の選任には株主総会決議が不要 ・執行役員は株主代表訴訟の被告にならない	・担当部門のみの利益や権限拡大を追求する ・会社全体を総合的に見渡さない ・日本的雇用慣行を前提にすると責任のとり方が甘くなる

59 監査役と監査役会

公開会社である大会社は監査役会の設置が必要です。

取締役ないし取締役会からの独立性を確保するため、監査役は、株主総会において他の監査役の選任や解任が適正か否かについての意見を述べることができます（345条4項・1項）。公開会社の監査役の任期は4年です。

　監査役は株主総会の決議により選任されます（329条1項）。監査役になるためには特別の資格は必要ありません。取締役と同様に、公開会社では定款により監査役の資格を株主に限定することは許されません（335条1項、331条2項）。また、監査役には取締役の欠格事由を定める331条1項が準用されています（335条1項、331条1項）。さらに、監査役はその会社または子会社の取締役または支配人その他の使用人を兼任することは許されません（335条2項）。公開会社の監査役の任期は4年です（336条1項）。

　一般的には、株式会社において監査役や監査役会を設置するか否かは、発起人または株主の意思により決められることであり、定款自治の問題となります。ただし、公開会社である大会社は監査役会を置かなければなりません（328条1項）。監査役会は全ての監査役で組織されます（390条1項）。監査役会設置会社では、3人以上の監査役が必要とされ、そのうちの半数以上は社外監査役でなくてはなりません（335条3項）。

　監査役会は、①監査報告の作成、②常勤の監査役の選定および解職、③監査の方針、会社の業務及び財産状況の調査方法ならびにその他の監査役の職務執行に関する事項の決定を行います（390条2項）。

監査役の役割

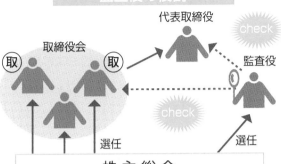

代表取締役

取締役会

監査役

check

check

選任

選任

株 主 総 会

監 査 報 告 書（例）

監査役の権限

職務権限には、業務監査と会計監査があります。

監査役の職務には、業務監査と会計監査があります。このような監査を十分に遂行するために、監査役には様々な権限が認められています。なお、取締役が監査役に協力せず、監査が十分にできないときは、その旨とその理由を監査報告に記載することになります。

　監査役は取締役の職務の執行を監査します（381条1項）。具体的には、業務監査と会計監査をします。

　業務監査については、原則として取締役の業務執行の違法性についての監査が中心となり、妥当性については及びません。ただ、取締役の業務執行が著しく不当な場合には、妥当性の監査にも及びます。

　監査役は、業務監査を遂行するために、事業報告徴収権、業務状況調査権、財産状況調査権（381条2項）、取締役会への出席権、意見陳述権（383条1項）、株主総会への提出議案・提出書類の調査権（384条）、取締役の行為差止請求権（385条）などを有します。

　なお、公開会社でなくかつ監査役会のない会社では、定款に定めを置くことにより、監査役の職務権限を会計監査に限定することができます（389条1項）。

　監査役は、取締役が株主総会に提出する議案及び書類等を調査し、これらが法令もしくは定款に違反していたり、または、著しく不当な事項があると認める場合には、株主総会においてその旨の報告をしなければなりません（384条）。取締役が会社の目的の範囲外の行為を行い、または、法令もしくは定款に違反する行為を行い、そのことによって会社に著しい損害を生ずるおそれがある場合には、監査役は取締役の行為の差止を裁判所に請求できます（385条）。

監査役の権限

```
                        check!
          ┌ 会計監査       計算書類
 監査役   │
 の権限   │
          │              帳簿
          │              check!
          │
          │              ┌ 違法性監査
          └ 業務監査      │
                          └ 妥当性監査
                            （著しく不当な場合のみ）
```

① 違法なことをしていないか
② 著しく妥当性を欠くことをしていないか

差止権

会社に著しい損害が生じるおそれのあるときは、監査役は取締役の行為を差し止めることができる。

61 会計参与

取締役と共同して計算書類等を作成します。

> 会計参与は、取締役と共同して、計算書類およびその附属明細書、臨時計算書類、連結計算書類を作成します。会計参与は、公認会計士、監査法人、税理士、税理士法人のいずれかでなければなりません（333条1項）。

　会計参与は株主総会の決議により選任されます（329条1項）。会計参与は、取締役と共同して、計算書類およびその附属明細書、臨時計算書類、連結計算書類を作成します（374条1項）。会計参与は、いつでも、会計帳簿およびこれに関する資料を閲覧・謄写し（374条2項）、また、取締役、支配人、その他の使用人に対して会計に関する報告を求めることができます（374条2項）。

　職務執行のために必要があれば、会社の業務ないしは財産の状況の調査、さらには、子会社に対しても会計に関する報告を求め、その業務・財産の状況を調査できます（374条2項、3項）。

　会計参与は、任務を怠り会社に損害を生じさせたときには損害賠償の責任を負います（423条1項）。会計参与の会社に対する責任は、株主が代表訴訟によって追及することができます（847条）。また、職務を行うについて悪意または重過失により第三者に損害を生じさせたときは、その損害を賠償する責任を負います（429条1項）。計算書類及びその附属明細書等に記載すべき重要な事項について虚偽の記載をしたことにより第三者に損害を生じさせたときは、その職務執行につき注意を怠らなかったことを証明しない限り、その第三者に対し損害賠償の責任を負います（429条2項）。

責任は重い
会社法423条
会社法429条

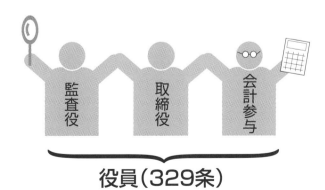

役員（329条）

62 会計監査人

会計監査の職業的専門家です。

大会社は会計監査人を設置しなければなりません（328条1項、2項）。会社の作成する計算書類等が、監査役のほか会社外部の第三者である会計監査人によっても監査されることで、不正防止、正確な情報開示が確保されると考えられています。

　会計監査人の選任は、監査役設置会社では監査役の決定に基づき（344条1項）、取締役が会計監査人選任の議案を株主総会に提出し、その決議により選任されます（329条1項）。会計監査人は、計算書類及びその附属明細書、臨時計算書類、連結計算書類を監査し会計監査報告を作成します（396条1項）。会計監査人は、いつでも会計帳簿又はそれに関する資料を閲覧・謄写し、また、取締役、会計参与及び使用人等に会計に関する報告を求めることができ、職務執行のために必要があれば、会社の業務ないしは財産の状況の調査、さらには、子会社に対しても会計に関する報告を求め、その業務・財産の状況を調査できます（396条2項、3項）。

　会計監査人は、任務を怠り会社に損害を生じさせたときには損害賠償の責任を負います（423条1項）。この会計監査人の会社に対する責任は、株主が代表訴訟によって追及することができます（847条）。また、職務を行うについて悪意または重過失により第三者に損害を生じさせたときは、その損害を賠償する責任を負います（429条1項）。会計監査報告に記載すべき重要な事項についての虚偽の記載により第三者に損害を生じさせたときは、その職務執行につき注意を怠らなかったことを証明しない限り、その第三者に対し損害賠償の責任を負います（429条2項）。

監査法人　　　公認会計士

選任　　　　　選任

○計算書類の作成および
　内容に関するcheck

株主や債権者のために、
信頼できる正確な情報を
提供

株主総会

会計監査人による監査報告書の例

独立監査人の監査報告書（例）

株式会社　○○○○○
　取締役会　御中

2020年5月19日

有限責任監査法人　○○○○
　　○　○　事　務　所

指定有限責任社員　　公認会計士　○○○○　　　㊞
業務執行社員

指定有限責任社員　　公認会計士　○○○○　　　㊞
業務執行社員

監査意見
　当監査法人は、会社法第436条第2項第1号の規定に基づき、株式会社○○○○○の2019年4月1日から2020年3月31日までの第○期事業年度の計算書類、すなわち、貸借対照表、損益計算書、株主資本等変動計算書及び個別注記表並びにその附属明細書（以下「計算書類等」という。）について監査を行った。
　当監査法人は、上記の計算書類等が、我が国において一般に公正妥当と認められる企業会計の基準に準拠して、当該計算書類等に係る期間の財産及び損益の状況を、全ての重要な点において適正に表示しているものと認める。

監査意見の根拠
　当監査法人は、我が国において一般に公正妥当と認められる監査の基準に準拠して監査を行った。監査の基準における当監査法人の責任は、「計算書類等の監査における監査人の責任」に記載されている。当監査法人は、我が国における職業倫理に関する規定に従って、会社から独立しており、また、監査人としてのその他の倫理上の責任を果たしている。当監査法人は、意見表明の基礎となる十分かつ適切な監査証拠を入手したと判断している。
　　　　　　　　　　　　　　　　　　　　　　　　　　　　　　　　（以下略）

指名委員会等設置会社は、アメリカの会社法を模範とし、①弾力的で迅速な業務執行と②監査委員会および取締役会による充実した監査・監督の実現を目的としています。

　指名委員会等設置会社には、株主総会、取締役会、指名委員会、監査委員会、報酬委員会、執行役、代表執行役が置かれ、監査役と代表取締役は存在しません。

　取締役会は、経営の基本方針を決定し、執行役の職務執行を監督します（416条1項）。ただし、①経営の基本方針等会社法416条1項1号および2号所定の事項、②各委員会を組織する取締役の選定（400条2項）、③執行役の選任・解任（402条2項、403条1項）、④代表執行役の選定・解職（420条1項、2項）、⑤合併契約等の内容の決定（416条4項1号〜24号）を除いて、業務執行の決定を執行役に委任することができます（416条4項）。

　執行役は取締役会決議により選任・解任され（402条2項、403条1項）、最小員数は1人です（402条1項）。その職務は、取締役会決議によって委任を受けた事項についての決定と委員会設置会社の業務の執行です（418条）。

　代表執行役は会社を代表する執行役で取締役会の決議により定められます（420条1項、執行役が1人の場合はその者が代表執行役となります）。代表執行役の代表権は会社の業務に関する一切の裁判上または裁判外の行為に及び、代表権に加えられた制限は善意の第三者に対抗できません（420条3項、349条4項、5項）。

　なお、取締役は執行役を兼任できます（402条6号）。

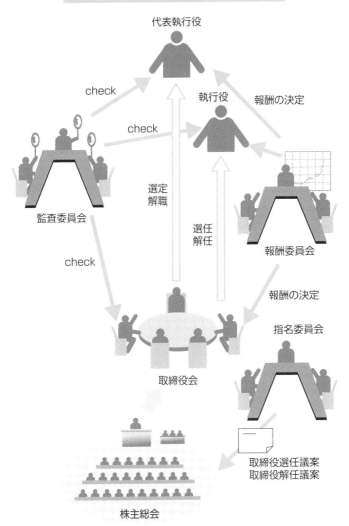

指名委員会等設置会社と執行役

代表執行役

執行役

check

check

報酬の決定

監査委員会

選定
解職

選任
解任

報酬委員会

check

取締役会

報酬の決定

指名委員会

取締役選任議案
取締役解任議案

株主総会

指名委員会等設置会社と3種の委員会

指名委員会、監査委員会、報酬委員会が設置されます。

指名委員会等設置会社では、指名委員会、監査委員会、報酬委員会が設置されます。これらは一括して設置されなければならず、1委員会だけの設置は認められません。社外取締役2人と取締役1人がいれば、3種の委員会を設置できます。

　各委員会は、取締役3人以上で組織され、その過半数は社外取締役でなければなりません（400条1項～3項）。また、監査委員会を組織する取締役は、指名委員会等設置会社もしくは子会社の執行役、業務執行取締役（代表取締役・363条1項2号所定の選定業務執行取締役など（2条15号イ））、または子会社の会計参与、支配人、その他の使用人を兼ねることができません（400条4項）。これは、監査する者と監査される者が一致しないようにするため、また、監査する者が従属的な立場の者とならないためです。同じ取締役が複数の委員会のメンバーを兼ねることは可能です。

　指名委員会は、株主総会に提出する取締役の選任及び解任に関する議案の内容を決定します（404条1項）。監査委員会は、計算書類等の監査（436条2項）、取締役・執行役・会計参与の職務執行の監査、株主総会に提出する会計監査人の選任・解任・不再任に関する議案の内容を決定します（404条2項）。監査委員会が取締役及び執行役の職務執行の監査を行う際には、その適法性のみならず妥当性も監査できると解されます。報酬委員会は、取締役・執行役・会計参与が受ける個別の報酬内容を決定します（404条3項）。取締役や執行役が任務を懈怠して会社に損害をもたらせたときは、損害賠償責任を負います（423条1項）。株主はこの責任を代表訴訟で追及できます（847条）。

指名委員会等設置会社と3種の委員会

指名委員会

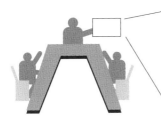

> 取締役選任議案
> 候補者　甲野一郎
> 候補者　乙野二郎
> 候補者　丙野花子
> 任期は1年

監査委員会

> 取締役・執行役の
> 行為の適法性及び
> 妥当性の監査

報酬委員会

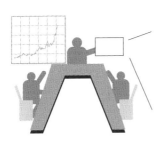

> 取締役・執行役の
> 報酬の決定
> 甲野一郎　2000万円
> 乙野二郎　1500万円

各委員会は過半数の社外取締役を必要とする。

65 監査等委員会設置会社

監査等委員の過半数は社外取締役でなければなりません。

> 会計監査人が設置されている取締役会設置会社（指名委員会等設置会社を除く）は、監査等委員会の設置を定款で定めることができます。このような株式会社を監査等委員会設置会社と言います（326条2項）。監査等委員会設置会社は監査役を設置することができません（327条4項）。

　監査等委員は取締役でなければならず、3人以上であり、その過半数は社外取締役でなければなりません（331条6項）。監査等委員となる取締役は、最初からそれ以外の取締役と区別して株主総会において選任されます（329条2項）。

　監査等委員会は、取締役等の職務執行を監査し、監査報告を作成し、取締役の選任・解任・辞任および報酬等についての意見を決定します（399条の2第3項）。

　監査等委員会が選定する監査等委員は取締役等に対し職務報告徴収権、業務状況調査権等を行使できます（399条の3第1項）。監査等委員は、取締役が会社の目的の範囲外の行為その他法令定款に違反する行為をするおそれがある場合等において、当該行為により会社に著しい損害が生ずるおそれがあるときは、当該取締役に対し差止めを請求することができます（399条の6第1項）。

　監査等委員会設置会社における取締役会は、経営の基本方針やいわゆる内部統制システム等の整備等を決定します（399条の13第2項）。また、会社の業務執行の決定、取締役の職務の執行の監督、代表取締役の選定及び解職を職務として行います（399条の13第1項）。代表取締役は、取締役（監査等委員である取締役を除く）の中から選定しなければなりません（399条の13第3項）。

監査等委員会設置会社

監査等委員会

取締役会

監査等委員で
ある取締役

監査等委員で
ない取締役

選任（解任）　　選任（解任）

株主総会決議

コーポレート・ガバナンス

　コーポレート・ガバナンスの名の下で議論される内容は多岐にわたります。最も基本的なものは、株式会社を支配するのは株主か取締役かという問題です。アメリカで、バーリーとミーンズが、大規模公開会社では、所有と経営の分離により経営者による会社の支配が永続化していると主張しました（1932年）。その後、多くの学者が研究しましたが、現在でも結論は出ていません。ただ、この論争において、経営者に経営事項についての広範な自由裁量権限を与えることが会社の経営を効率的にするという主張がなされ、その代わりに、徹底した情報開示が必要だという考えが普及しました。さらに、取締役の暴走を防止するためには、任期を短期間にすることや、社外取締役の導入の法律による強制や、株主代表訴訟の強化などが必要になると考えられています。とりわけ、持株会社を頂点とするコンツェルン型の企業グループについては、二段階代表訴訟を認める必要性が高まります。他方、株主総会では、年金基金や保険会社といった大株主が、株価の上昇や配当の増額を求め、投資先の会社の取締役及び役員に対し効率的な会社経営を要求する傾向も目立ってきました。このような大株主が取締役会に社外取締役を送り込むときには、株主 vs 取締役ではなく、（株主＋社外取締役）vs 業務執行取締役という構図が生じます。

　日本では、1990年代前半に、金融機関における不祥事が社会問題となり、会社が違法なことを行わないための法令遵守システム（コンプライアンス・システム）をいかに構築するかが議論され、会社法では、大会社の取締役会に内部統制システムの構築が義務づけられました（362条5項）。

第 V 章

資金調達、計算書類

株式会社は、新株や社債を発行して、必要な資金を調達することができます。株式会社は、株主や会社債権者のために、正確な貸借対照表や損益計算書などを作成し開示しなければなりません。

66 資金調達

会社はさまざまな方法で資金を調達できます。

会社が資金調達を行う場合、外部資金を調達する方法と内部資金を利用する方法があります。外部資金の調達方法としては、借入、株式・社債の発行等があり、内部資金の利用方法としては、留保利益の利用等があります。

　会社が、事業活動を行い利益をあげていくには、その前提として元手となる資金を集める必要があります。

　会社が資金調達を行う場合、外部から資金（外部資金）を調達する方法と会社内部の資金（内部資金）を利用する方法があります。

　会社設立の際、株式会社は、事業活動を始めるための資金を株式の発行により集めなければなりません。株式会社は、設立の際には必ず株式を発行して資本を確保することが要求されています。

　成立後の会社が、外部資金を集める最も簡単な方法は、銀行等の金融機関から借入をすることです。しかし、最近の大企業は、借入に代わって株式や社債の発行による外部資金の調達を盛んに行っています。株式や社債によれば、多額かつ長期の資金調達が可能であることや、金融機関からの借入よりもコストが低いことが理由となります。

　このように、外部資金の調達方法が、金融機関からの借入（間接金融）から株式・社債の発行（直接金融）に移行しつつあります。

　なお、このほかに、資産の証券化（セキュリタリゼーション）などの新しい方法も開発されています。

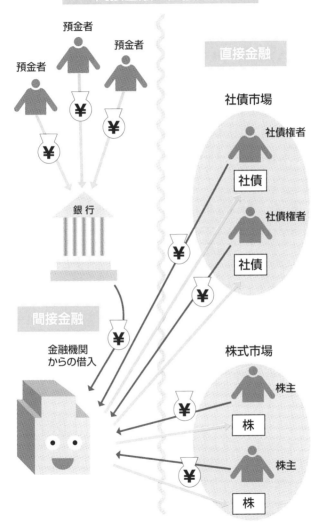

間接金融と直接金融

預金者
預金者
預金者

¥
¥
¥

銀行

直接金融

社債市場

社債権者
社債

社債権者
社債

¥
¥

間接金融

金融機関
からの借入

株式市場

株主
株

株主
株

¥
¥

149

67 募集株式の発行

資金調達の手段として募集株式を発行できます。

株式会社は、募集株式の発行により資金調達を行うことができます。特別な場合には、会社の支配権の獲得や敵対的企業買収の防禦の手段として募集株式の発行を行います。

募集株式発行の手続きの概要を説明します。

本書の対象である公開会社においては、まず、取締役会が募集株式の発行を行うか否か、また、どれだけの数の募集株式を発行するかについて、授権株式の枠内で検討し決定します（37条、201条1項、199条）。取締役会が募集株式の発行を決定すると、その後、会社は募集株式の募集事項を株主に通知・公告しなければなりません（201条3項、4項）。これは、計画されている募集株式の発行に反対する株主に、発行差止の訴えを提起する機会を保証するためです。

つぎに、取締役は、募集株式の引受を申し込んだ者の中から、株式割当自由の原則により、適宜、募集株式の割当を行います（204条1項）。割り当てられた者を募集株式の引受人と呼びます。

募集株式の引受人は払込期日までに又は払込期間の期間内に払込金額の全額を払い込まなければなりません（208条1項）。払い込まないときには、募集株式の株主となる権利を失います（208条5項）。出資の履行は通常は金銭による払込ですが、金銭以外の財産による現物出資も可能です（199条1項3号）。

出資の履行をした募集株式の引受人は、払込期日の当日又は払込期間を定めた時は出資の履行の日に募集株式の株主となります（209条）。

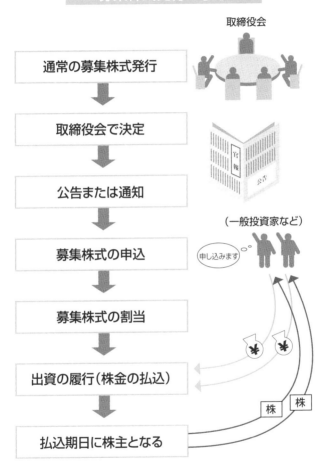

募集株式発行の手順

取締役会

通常の募集株式発行

↓

取締役会で決定

↓

公告または通知

↓

募集株式の申込

（一般投資家など）

申し込みます

↓

募集株式の割当

↓

出資の履行（株金の払込）

↓

払込期日に株主となる

株　株

68 第三者割当増資

特定の第三者に募集株式を割り当てることです。

会社が授権株式数の範囲内で募集株式の発行を行うときは、株主全員に公平に割り当てる必要はなく、株金払込の確実性や大株主の出現またはその回避、事務手続きの簡便さ等を考慮して、適当と思われる募集株式の申込人に割り当てることができます。

公開会社の取締役会は、定款により一定の限度までの募集株式発行の決定権限を授権されるのが通常です。これを授権株式制度と呼びます。

一定の限度とは、公開会社であれば会社設立時に発行する株式数の4倍までです（37条3項）。

会社が募集株式の発行を行う場合、個々の株主には優先的に募集株式の割当てを受ける権利がありません。しかし、①株主に募集株式の割当てを受ける権利を与える旨の定めが定款にある場合、及び②定款に定めはないが会社が株主に募集株式の割当てを受ける権利を与える旨決定した場合（202条）には、株主は募集株式の割当てを受ける権利を有します。

上記の①②の場合を除き、会社は、株主全員に公平に募集株式の割当てを受ける権利を与える必要はなく、株金払込の確実性や大株主の出現またはその回避、事務手続の簡便さ等を考慮して、大口の取引先、メインバンク等に募集株式を適当に割り当ててよいことになります。

なお、会社が、募集株式を引き受ける者に対し特に有利な払込金額で募集株式を発行する場合は注意が必要です。この場合、取締役は、株主総会において有利発行の理由を開示し、特別決議による承認を必要とします（199条1項2項3項、201条1項、309条2項5号）。

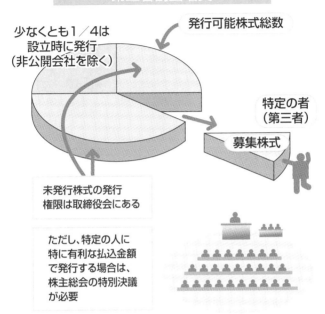

第三者割当増資

少なくとも1／4は設立時に発行（非公開会社を除く）

発行可能株式総数

特定の者（第三者）

募集株式

未発行株式の発行権限は取締役会にある

ただし、特定の人に特に有利な払込金額で発行する場合は、株主総会の特別決議が必要

最近の第三者割当増資の例

発行者	割当先	割当理由
日本電気（NEC）	日本電信電話（NTT）	グローバル市場における競争力強化。
ココカラファイン	マツモトキヨシ	ドラッグストア業界における市場占拠率拡大のための経営統合。
大塚家具	ヤマダ電機	経営再建と子会社化。

69

募集株式発行の差止

募集株式の発行前であれば、差止の訴えを提起できます。

法令違反又は著しく不公正な方法により募集株式の発行が行われる場合、持株割合の減少や持株価値の減少という不利益の発生を未然に防ぐため、募集株式が発行される前であれば、株主は、募集株式の発行差止の訴えを提起できます（210条）。

　募集株式の発行差止の訴えを提起するためには、問題となる募集株式の発行が、法令もしくは定款に違反し、または、著しく不公正な方法によりなされることが予想され、その募集株式の発行により、株主が不利益を受けるおそれのあることが必要です（210条）。

　会社法360条も取締役の行為についての差止請求権を規定しますが、そこでは、「会社に回復することができない損害が生ずるおそれ」があることが必要です（360条1項、3項）。しかし、募集株式の発行差止の訴え（210条）では、「株主が不利益を受けるおそれ」があることが要件であり、会社に損害が生じるおそれがあるかどうかは要件となりません。したがって、例えば、会社が特定の者にのみ公正な市場価格で募集株式を大量に割り当てた場合には、会社に損害が生じるおそれはありませんから、360条によっては募集株式の発行を争うことはできず、210条によって争うことになります。有名な「秀和対忠実屋事件」「高橋産業対宮入バルブ事件」では、仮処分ではありますが新株（募集株式）発行の差止が求められ、そこでは新株発行による既存株主の持株割合の減少及び既存株主の持株価値の減少が争点となりました。これらの事件では、結局、新株発行による資金調達の必要性の有無が裁判所の結論に違いをもたらしました。

募集株式発行の差止

STOP!

募集株式引受人

募集株式引受人

○○株式会社 → 募集株式

→ 募集株式

既存の株主

会社が { 法令に違反して / 定款に違反して / 著しく不公正な方法で } 募集株式を発行しようとするとき、差し止めることができる

差止ができるケース

① 募集株式発行の通知・公告がない
（他に瑕疵がないときを除く）。

② 株主以外の者に特に有利な払込金額で発行するのに、株主総会の特別決議がない。

③ 株主間の勢力争いにおいて一部グループを利するためだけに募集株式を発行する。

70

新株発行の無効・不存在

法令に違反した新株の発行に対し株主は無効の訴えを提起できます。

法令や定款に違反した新株の発行が行われ、持株割合の減少や持株価値の減少という不利益を被るような場合、株主は新株発行無効の訴えを提起できます（828条1項2号）。

　新株発行の無効は、新株発行の効力が生じた日から6か月以内に訴えを提起することによってのみ主張できます（828条1項2号）。訴えを提起できるのは、株主、取締役、監査役、執行役、及び清算人に限られます（828条2項2号）。新株発行の手続規定に違反した場合（軽微な場合を除く）、法令もしくは定款に違反して新株を発行した場合などが無効原因にあたると考えられています。

　新株は払込期日の当日又は払込の期間が定められた場合は出資の履行を行った日から株式として成立し、株式譲渡自由の原則により、たちまちに転々流通する可能性があります。発行から数か月を経て新株発行無効の判決が言い渡されたとすると、株式市場等で流通していた株式が無効になり、何も知らずに取得した善意の株主が不測の損害を被ることになるので、株式市場等で株式を取得した会社の外部者を保護すべきだと考えることになります。そうすると、新株発行がいったん成立した後では、ほとんどの場合、新株発行無効の訴えは棄却されてしまうことになります。そこで、実務では、株式が成立する前に、新株の発行手続停止の仮処分または新株の発行禁止の仮処分をかけることになります。なお、新株発行の手続きが全くなされていない場合等については、新株発行不存在確認の訴えがあります（829条）。

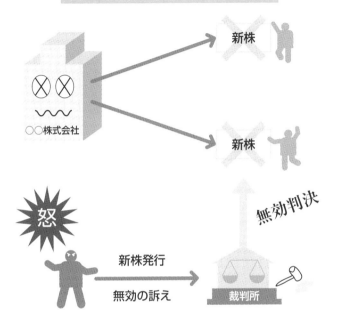

新株発行無効の訴え

○○株式会社

新株

新株

怒

新株発行
無効の訴え

裁判所

無効判決

新株発行無効の訴えの要件

① 株主・取締役・監査役などが原告になれる。
② 訴えの提起は新株発行後6か月以内。

例）① 会社が発行できない内容の株式を発行した。
② 授権株式の枠を超えて発行した。
③ 出資の履行がほとんどなされていない。

71 新株予約権

会社に対して権利行使すると、株式の交付を受けることができる権利です。

新株予約権を有する者が、会社に対して新株予約権の権利を行使すると、会社はその者に当該会社の株式を交付しなければなりません。公開会社が募集により新株予約権を発行する場合、原則として、取締役会が、交付する新株予約権の目的である株式の種類・数、払込金額等を決定します。

　新株予約権とは、それを有する者が会社に対して権利を行使することにより、当該会社の株式の交付を受けることができる権利です（2条21号）。

　公開会社が募集により新株予約権を発行する場合には、原則として、取締役会が、新株予約権の目的である株式の種類及び数、払込金額、払込期日、新株予約権の行使に際して出資される財産の価額、新株予約権の権利行使期間、権利行使の条件等を決めなければなりません（236条、238条、240条）。

　取締役会は、新株予約権の申込みをしてきた者の中から誰にどれだけの新株予約権を割り当てるかを決定します（243条1項）。

　なお、新株予約権の割当てを受ける権利をすべての株主に与える場合には、取締役会が、新株予約権の引受けの申込みをすることにより当該会社の新株予約権の割当てを受ける権利を与える旨、及び新株予約権の引受けの申込期日を決定しなければなりません（241条1項）。

　新株予約権の割当てを受けた者は新株予約権者となります。新株予約権者は、払込期日（それを定めていない場合には権利行使期間の初日の前日）までに新株予約権の払込金額の全額を払い込まなければならず、払込がなければ新株予約権を行使できません（246条1項、3項）。

新株予約権

新株予約権の払込金額（a円、238条1項3号）

A

新株予約権

譲渡自由の場合　売買

新株予約権

B

新株予約権の行使に際して
出資すべき額
（b円、236条1項2号）

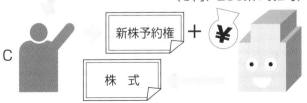

C

新株予約権　＋

株　式

※このときの資本増加額は、原則として、（a＋b）円となります。
なお、会社法445条参照。

72 社 債

会社にとって多額かつ長期の資金調達手段です。

社債の発行は取締役会で決定します。社債権者を保護するため、社債が償還されるまでの間、社債権者の利益をまもるための社債管理者の設置が会社法によって強制されています。会社法は株式会社のみならず合名会社・合資会社・合同会社も社債を発行できることを認めました。

　会社による資金調達方法のうち、社債の発行は会社にとって多額かつ長期の資金調達手段です。社債は、会社の一般投資家に対する借金（＝債務）です。会社が借金するかどうかは業務執行の一場面であり、取締役会が社債の発行を決定します（362条4項5号）。取締役会は、社債市場及び株式市場の状況、株式の分布状況、新株式への配当の負担及び社債の利率等、様々なファクターを考慮して、資金調達の方法を決めます。

　通常の消費貸借（借入・融資）が銀行などとの間の個別の契約により成立するのと比べ、社債は、不特定多数の者に対し会社が負う債務であり、会社側があらかじめ社債の金額・社債総額・利率・償還期限などを定め、社債を引き受ける者を募集します（676条）。取締役会で決定すれば、社債券という有価証券を発行することもできます。

　社債を所有する社債権者を保護するため、社債が償還されるまでの期間において、原則として、社債権者のための社債管理者の設置が強制されています（702条）。社債管理者は、社債権者のために公平かつ誠実に、さらに善管注意義務を尽くして社債の管理をします（704条）。

　なお、令和元年の会社法改正により、社債管理者の設置が強制されない例外的な場合について、社債管理補助者の制度が新設されました（714条の2）。

社債の発行と管理

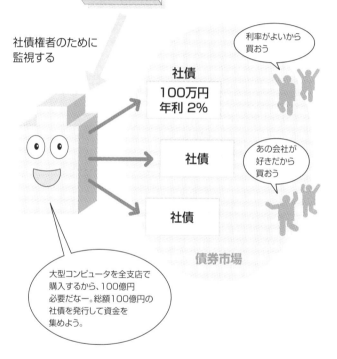

注：社債管理者は、社債権者のために、社債権の保全に必要な裁判上
　　の手続きまたは裁判外の行為を行うことができる。

73 新株予約権付社債

新株予約権が付いた社債です。

新株予約権付社債は、株価が上昇したときは新株予約権を行使して株式を取得し、ただちにその株式を売却することにより利益を得ることができ、株価が上昇しないときは、社債として利息を得ながら社債金額の償還を待つことができる都合のよい投資対象物です。

新株予約権付社債を発行する時に、その会社の株式の時価が50万円前後であったとして、社債の払込金額を券面額の100万円（676条9号）、新株予約権の払込金額を1万円（238条1項3号）、新株予約権の行使の際に出資される財産を現金100万円、その行使により取得できる株式数を1株と取締役会が定めたとします（236条、238条、240条、676条、362条4項5号）。その後、株価が上昇し150万円になれば、新株予約権付社債権者は、100万円を払い込むことにより株式1株を入手し、これを売却すれば大きな利益が得られます。これに対し、株価が上昇せず新株予約権を行使しないときは、新株予約権の払込金額分（上の例では、1万円）が損失となります。新株予約権を行使するか否かにかかわらず、本体たる社債は何の影響も受けず、毎年の利息を受け取り、通常、5年から10年後に設定される償還期日に元本の返還を受けることになります。

なお、会社が定める新株予約権の行使条件により、新株予約権付社債権者の請求に基づき本体である社債の償還価額をもって新株予約権行使の際に出資される財産に充てることや、取締役会の決定に基づき社債の償還価額を強制的に新株予約権行使の際に出資される財産に充てること等もできます（これを転換社債型新株予約権付社債と言います。238条、236条1項3号、240条）。

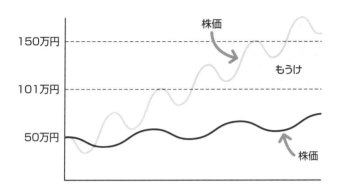

新株予約権付社債（転換社債型）

新株予約権付社債（転換社債型）
101万円（社債の払込金額100万円＋新株予約権の払込金額1万円）
償還期日　10年後
利率　2.5%
新株予約権行使の際の出資額 ＝ 社債の償還価格（100万円）
条件　予約権1つで募集株式1株を取得できる

【緑線のパターン】
持ち主が、たとえば、株式が150万円のときに新株予約権を行使
すると、1株取得できる。
その1株を市場で売却すれば150万円×1株＝150万円を取得で
きる。新株予約権付社債を購入するときに101万円を投資したの
だから、150万円－101万円＝49万円がもうけとなる。

【黒線のパターン】
株価があがらないときは、新株予約権を行使しないで、社債として
持ち続ける。すると、毎年100万円×2.5%＝2.5万円の利息を得
られる。そして償還期日になれば、100万円が償還される。

74 計算書類の作成と承認

事業年度毎に作成し株主総会で承認されます。

会社は事業年度毎に①貸借対照表、②損益計算書、③株主資本等変動計算書、④個別注記表などの計算書類と⑤これらの附属明細書及び⑥事業報告と⑦その附属明細書を作成しなければなりません（435条2項）。会計参与設置会社では会計参与が取締役と共同して①〜⑤を作成します（374条1項）。

　上記①〜⑦は取締役が作成します。作成された計算書類は監査役等が監査します（436条1項、2項）。取締役会は監査を受けた①〜⑦について承認を行い（436条3項）、定時株主総会の招集通知の発送の際に、株主に、①〜④及び⑥を提供します（437条）。同時に、取締役会設置会社である会計監査人設置会社は、①〜⑤についての会計監査報告及び①〜⑦についての監査役（監査役会設置会社の場合は監査役会、指名委員会等設置会社の場合は監査委員会、監査等委員会設置会社の場合は監査等委員会）の監査報告を株主に提供します（437条）。①〜⑦及び監査報告・会計監査報告は定時株主総会の2週間前から5年間、本店に備え置かなければなりません（442条1項）。

　計算書類（①〜④）については株主総会の承認決議が必要です（438条2項）。ただし、取締役会設置会社である会計監査人設置会社の場合、会計監査報告に無限定適正意見が付され、さらに、監査役、監査役会等の監査報告の内容として会計監査人の監査の方法又は結果を相当でないと認める意見等がないときには、計算書類は株主総会おいて承認を受ける必要はなく、取締役会の決議でよいことになります（439条、会社計算規則135条。439条を承認特則規定といいます。）。この場合、取締役は株主総会において計算書類の内容を報告しなければなりません（439条）。

計算書類の承認手続

取締役が作成

①貸借対照表

②損益計算書

③株主資本等変動計算書

④個別注記表

⑤附属明細書

⑥事業報告

⑦⑥の附属明細書

会計監査人が会計監査

①貸借対照表

②損益計算書

③株主資本等変動計算書

④個別注記表

⑤附属明細書

監査役が監査

①貸借対照表	④個別注記表
②損益計算書	⑤附属明細書
③株主資本等変動計算書	⑥事業報告
	⑦⑥の附属明細書

⑧会計監査報告

⑨監査報告

①貸借対照表	⑤附属明細書
②損益計算書	⑥事業報告
③株主資本等変動計算書	⑦⑥の附属明細書
④個別注記表	

取締役会で承認

株主

株

①	②	③
④	⑥	

①

②　承認決議

③

④

⑥　← 報告

株主総会

75 計算書類の監査

計算書類は監査役（会）、会計監査人の監査を受けます。

取締役が作成した計算書類は監査を受けなければなりません。監査を行う者は、監査役、監査役会、監査委員会、監査等委員会および会計監査人です。監査役、監査役会、監査委員会および監査等委員会はそれぞれ監査報告を作成し、会計監査人は会計監査報告を作成します。

監査は、会計監査人設置会社でない会社と会計監査人設置会社の場合で異なります（①②等の数字は前の項目で用いられた数字と同じです）。

会計監査人設置会社でない監査役設置会社の場合、監査役は①〜⑦について監査をしなければなりません（436 条 1 項）。会計監査人設置会社で監査役設置会社の場合、会計監査人は①〜⑤、監査役（指名委員会等設置会社の場合には監査委員会）は①〜⑦について監査をしなければなりません（436 条 2 項）。会計監査人設置会社でない監査役設置会社においては、監査役は①〜④、⑥についての監査報告を作成し（会社計算規則122 条、会社法施行規則 129 条）、監査役会設置会社の場合には各監査役の監査報告に基づいて監査役会の監査役会監査報告を作成します（会社計算規則123 条、会社法施行規則 130 条）。会計監査人設置会社においては会計監査人が①〜④についての会計監査報告を作成し（会社計算規則 126 条）、監査役は①〜④および会計監査報告を受領して監査報告を作成します（会社計算規則 127 条）。指名委員会等設置会社の場合には監査委員会が①〜⑤および会計監査報告を受領し監査報告を作成します（会社計算規則 129 条）。監査役会は、各監査役が作成した監査役監査報告について 1 回以上監査役会を開催するなどして意見の交換を行った上で、監査役会監査報告を作成しなければなりません（会社法施行規則 130 条）。

会計監査人

会計監査報告

無限定適正意見
（会社計算規則126条1項2号イ）

＋

監査役

監査報告

「会計監査人の監査の方法又は結果を相当でないと認める意見」が記載されていない
（会社計算規則135条2号）

＋

| 取締役会で承認 | → | ①貸借対照表 | ③株主資本等変動計算書 |
| | | ②損益計算書 | ④個別注記表 |

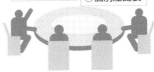

この場合、①～④の計算書類は株主総会の承認決議を受ける必要がなくなり、代表取締役が株主総会で報告すればよいことになる（439条、承認特則規定）。

76 貸借対照表

特定の日における会社財産の状態を明らかにするものです。

貸借対照表は、例えば 3 月 31 日という事業年度の最終日の
ような特定の日における会社財産の状態を明らかにするもの
です。資産の部と負債の部と純資産の部に分けて記載します
（会社計算規則 73 条）。

会社法は、債権者保護の観点から資本維持の原則と同時に
株主への分配可能額の確定を重視し、貸借対照表の作成を定
めています。貸借対照表及び損益計算書は「一般に公正妥当
と認められる企業会計の慣行」（431 条）に従って作成され
ますが、会社計算規則も重要です。

貸借対照表は資産、負債そして純資産の区分に分類されて
表示されます（会社計算規則 73 条 1 項）。資産の部は、会社
の保有する流動資産、固定資産、および繰延資産に区分しま
す（会社計算規則 74 条 1 項）。固定資産は、さらに有形固定
資産、無形固定資産、投資その他の資産に細分します（会社
計算規則 74 条 2 項）。各種資産の評価額は原則として取得価
額を付します（会社計算規則 5 条 1 項）。

貸借対照表の負債の部は、流動負債と固定負債に区分して
表示します（会社計算規則 75 条 1 項）。負債としては各種の
債務などの流動負債や会社が発行した社債の総額などの固定
負債（会社計算規則 75 条）が計上されます。

貸借対照表の純資産の部は、株主資本、評価・換算差額等、
新株予約権に区分し、株主資本はさらに、資本金、新株式申
込証拠金、資本剰余金、利益剰余金、自己株式などに区分し
て表示します（会社計算規則 76 条）。

貸借対照表 (2020年3月31日現在)

(単位：百万円)

科目	金額	科目	金額
（資 産 の 部）	(1,147,829)	（負 債 の 部）	(546,179)
流 動 資 産	549,833	流 動 負 債	362,777
現 金 及 び 預 金	87,598	買 掛 金	108,554
受 取 手 形	26	短 期 借 入 金	194,459
売 掛 金	308,886	1 年以内返済長期借入金	6,339
有 価 証 券	29,554	未 払 金	13,333
商 品 及 び 製 品	13,928	未 払 費 用	20,423
原 材 料 及 び 貯 蔵 品	21,852	未 払 法 人 税 等	13,736
仕 掛 品	20,696	そ の 他	5,930
未 収 入 金	38,092	固 定 負 債	183,401
1 年以内回収長期貸付金	23,762	社 債	150,000
そ の 他	5,437	長 期 借 入 金	2,214
貸 倒 引 当 金	△2	退 職 給 付 引 当 金	30,684
		そ の 他	503
固 定 資 産	597,996	（純 資 産 の 部）	(601,650)
有 形 固 定 資 産	146,182	株 主 資 本	598,088
建 物	48,696	資 本 金	69,444
構 築 物	6,186	資 本 剰 余 金	126,521
機 械 及 び 装 置	29,620	資 本 準 備 金	107,733
車 両 運 搬 具	144	そ の 他 資 本 剰 余 金	18,788
工 具，器 具 及 び 備 品	8,191	利 益 剰 余 金	455,685
土 地	30,589	利 益 準 備 金	7,899
建 設 仮 勘 定	22,753	そ の 他 利 益 剰 余 金	447,785
無 形 固 定 資 産	26,894	土 地 圧 縮 積 立 金	13
投 資 そ の 他 の 資 産	424,919	特 別 償 却 準 備 金	73
投 資 有 価 証 券	43,772	買 換 資 産 圧 縮 積 立 金	49
関 係 会 社 株 式	269,577	別 途 積 立 金	162,707
関 係 会 社 出 資 金	19,027	繰 越 利 益 剰 余 金	284,940
長 期 貸 付 金	66,746	自 己 株 式	△53,563
繰 延 税 金 資 産	19,487	評 価・換 算 差 額 等	3,561
そ の 他	6,387	その他有価証券評価差額金	3,561
貸 倒 引 当 金	△79		
合 計	1,147,829	合 計	1,147,829

出所：（株）村田製作所

77 損益計算書

事業年度の期間内の収益・費用を対応させた経営の成績表です。

損益計算書は、例えば4月1日から3月31日といった事業年度の期間内に生じた多数の費用と収益を対応させ、その期間内における事業活動の成果を明らかにするものです。

　損益計算書は、売上高、売上原価、販売費及び一般管理費、営業外収益、営業外費用、特別利益そして特別損失に区分して表示し、必要に応じてこれらを細分して表示します（会社計算規則88条）。

　売上高から売上原価を減じて得た額を売上総利益金額（額が零未満の場合は売上総損失金額）として表示します（会社計算規則89条1項、2項）。

　売上総損益金額から販売費及び一般管理費の合計額を減じて得た額を営業利益金額（額が零未満の場合は営業損失金額）として表示します（会社計算規則90条1項、2項）。

　営業損益金額に営業外収益を加算し営業外費用を減じた額を経常利益金額（額が零未満の場合は経常損失金額）として表示します（会社計算規則91条1項、2項）。

　経常損益金額に特別利益を加算し特別損失を減じた額を税引前当期純利益金額（額が零未満の場合は税引前当期純損失額）として表示します（会社計算規則92条1項、2項）。税引前当期純利益金額または税引前当期純損失金額の次にその事業年度の法人税等を表示します（会社計算規則93条1項）。

　税引前当期純損益金額等から法人税等を減じて得た額を当期純利益金額（額が零未満の場合は当期純損失金額）として表示します（会社計算規則94条1項、2項）。

損益計算書の例

損益計算書 (自 2019年4月1日 至 2020年3月31日)

(単位：百万円)

科目	金額	
売　上　高		1,044,772
売　上　原　価		799,955
売　上　総　利　益		244,817
販 売 費 及 び 一 般 管 理 費		207,002
営　業　利　益		37,814
営　業　外　収　益		
受 取 利 息 及 び 受 取 配 当 金	34,570	
原　材　料　売　却　益	7,217	
そ　　　の　　　他	6,962	48,751
営　業　外　費　用		
支　払　利　息	863	
為　替　差　損	5,691	
製 品 取 替 ・ 補 修 費 用	8,384	
そ　　　の　　　他	2,996	17,936
経　常　利　益		68,629
特　別　利　益		
抱 合 せ 株 式 消 滅 差 益	7,823	7,823
特　別　損　失		
関 係 会 社 株 式 評 価 損	3,162	3,162
税 引 前 当 期 純 利 益		73,290
法 人 税 、 住 民 税 及 び 事 業 税	4,569	
法 人 税 等 調 整 額	1,050	5,620
当　期　純　利　益		67,669

出所：(株)村田製作所

78 分配可能額

剰余金の額と剰余金の分配可能額とは異なります。

会社法では、最初に剰余金の額を計算し、そこから原則として自己株式の帳簿価額を減じることにより、分配可能額を計算します。自己株式を有する場合、「剰余金の額」と、株主に配当することが許される「剰余金の分配可能額」とは異なることになります。

剰余金の分配可能額を算出するためには、最初に剰余金の額を算出しなければなりません。会社法の規定（446条）は大変に複雑ですが、ここでは自己株式の処分・償却や資本金の額の減少等が行われないとしたうえで、通常の事業年度について作成された貸借対照表に基づく剰余金を説明します。

通常の決算貸借対照表に基づく剰余金の額（446条、会社計算規則149条）＝（その他資本剰余金の額）＋（その他利益剰余金の額）、となります。

上記と同様に自己株式の処分等が行われずその帳簿価額の変動が生じないとした場合、通常の決算貸借対照表に基づいて剰余金の額が算出されると、以下のように、剰余金の分配可能額を算出することができます。

剰余金の分配可能額（461条2項）＝（剰余金の額）－（自己株式の帳簿価額）、となります。

剰余金の分配可能額がないにもかかわらず剰余金の配当等を行ったり、剰余金の分配可能額を超過して剰余金の配当等を行ったりすることは、剰余金の違法配当となります。剰余金の違法配当は無効です（461条1項）。会社法は資本維持の原則を確保し、株主への配当可能な剰余金の分配可能額を定め、同時に会社債権者の保護を図っています。

なお、剰余金の分配を行った後に、貸借対照表上の純資産額が300万円を下回ることは許されません（458条）。

貸借対照表

資産	負債
流動資産	流動負債
固定資産	固定負債
繰延資産	

純資産

株主資本

　資本金

　新株式申込証拠金

　資本剰余金

　　資本準備金

　　その他資本剰余金　○○○円 ← この金額

　利益剰余金

　　利益準備金

　　その他利益剰余金　○○○円 ← この金額

　自己株式申込証拠金

　自己株式　○○○円

評価・換算差額等

新株予約権

合計した金額 = 剰余金の額

剰余金の分配可能額 ＝ 剰余金の額 － 自己株式の帳簿価額

79 剰余金の違法配当

剰余金の違法配当は無効です。

剰余金の分配可能額を超えて剰余金の配当が行われた場合を違法配当と呼び、取締役等に責任が生じます。また、このような分配可能額を超えてなされた剰余金の配当を蛸配当と呼ぶことがあります。剰余金の違法配当は無効です。

　会社が業績を真実以上に良く見せかけるために、分配可能額を超えた剰余金の配当を行うことがあります。このような違法配当を行う場合、通常は、架空資産の計上等の資産の過大表示や負債の過小表示などのいわゆる粉飾決算を伴います。もちろん、このような剰余金の違法配当は無効です。

　分配可能額を超えて剰余金の配当が行われたとき、①配当により金銭等の利益を受けた株主、②配当に関する職務を行った取締役等、③配当に関する議案を株主総会または取締役会に提出した取締役等は、会社に対し連帯して、現金配当の場合はその金額を、現物配当の場合は配当された財産の帳簿価額に相当する金額を支払う義務を負います（462条）。

　分配可能額を超えてなされた配当について善意の株主は、その株主が交付を受けた金銭等について、②および③の者からの求償の請求に応ずる義務を負いません（463条1項）。なお、分配可能額を超えて配当が行われた場合、株式会社の債権者は、①の者に対してその交付を受けた金銭等の帳簿価額に相当する金銭を支払わせることができます（463条2項）。分配可能額を超える剰余金の配当を行った取締役等については罰則が科されます（963条5項2号）。会社が②および③の者に対して分配可能額を超える剰余金の配当に関する責任の追及を行わない場合、株主は株主代表訴訟を提起することができます（847条）。

違法配当

取締役会

内容を承認して
株主総会へ提出

剰余金の分配可能額
を超過した配当総額

剰余金配当議案

剰余金配当議案

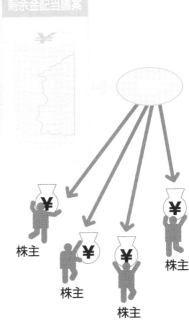

違法な
剰余金配当議案
とは知らずに
承認の決議

株主

株主

株主

株主

資本金の額等の減少

株主総会の特別決議により資本金の額を減少できます。

会社は、株主総会の特別決議により資本金の額を減少できます（447条1項、309条2項9号）。また、普通決議により準備金の額を減少できます（448条1項）。資本金または準備金の額の減少には原則として債権者保護手続が必要です（449条）。

資本金又は準備金の額の減少を行うには、株主総会において、減少する資本金又は準備金の額、減少する資本金又は準備金の額の一部または全部を準備金又は資本金の額とするときはその額、及び、資本金又は準備金の減少の効力発生日を定めなければなりません（447条1項、448条1項）。ただし、資本金又は準備金の額を減少すると同時に会社が株式の発行を行う場合であって資本金又は準備金の減少の効力発生日以後の資本金又は準備金の額が効力発生日より前の資本金又は準備金の額を下回らないときは、取締役会の決議により資本金又は準備金の額を減少できます（447条3項、448条3項）。

会社が資本金又は準備金の額を減少する場合、会社は官報に公告を行い、さらに、知れている会社債権者には各別に催告を行うという債権者保護手続を行います（449条2項）。官報のほか日刊新聞紙または電子公告による公告を行う場合には、各別の催告は必要ありません（449条3項）。会社が公告を行う事項は、資本金等の額の減少の内容、貸借対照表等の会社計算規則152条所定のもの、および、債権者が一定期間内に異議を述べることができる旨です（449条2項）。債権者が異議を述べてきたときは、会社は弁済もしくは相当の担保を提供し、又は債権者に弁済を受けさせることを目的として信託会社等に相当の財産を信託しなければなりません（449条5項）。

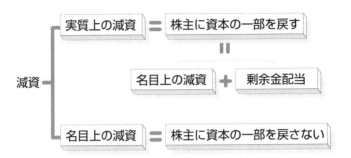

資本金の額の減少の手続

```
減資 ─┬─ 実質上の減資 ＝ 株主に資本の一部を戻す
      │                        ‖
      │           名目上の減資 ＋ 剰余金配当
      │
      └─ 名目上の減資 ＝ 株主に資本の一部を戻さない
```

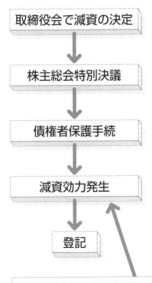

取締役会で減資の決定

↓

株主総会特別決議

↓

債権者保護手続

↓

減資効力発生

↓

登記

利害関係人の利益保護のため、資本金額減少無効の訴が定められている（828条1項5号、2項5号）。

Coffee Break 刑事罰

会社法は、取締役や監査役等の会社の関係者に関する罰則の章を設けています。

①特別背任罪　取締役、監査役等の者が、自己もしくは第三者の利益を図りまたは会社に損害を加える目的（図利・加害目的）で、その任務に背き、会社に財産上の損害を加える行為です（960条）。取締役が違法配当をした場合、粉飾決算等により違法な役員賞与を支給した場合、会社の取引相手から取締役がリベートを受領した場合等が考えられます。特別背任罪は刑法の背任罪（5年以下の懲役または50万円以下の罰金）よりも重く10年以下の懲役または1000万円以下の罰金に処せられます。

②会社財産を危うくする罪　取締役、監査役等が行った不正な自己株式の取得、法令もしくは定款に違反する剰余金の配当、会社の目的である事業の範囲外の投機取引等の行為です（963条5項）。特別背任罪と異なり、図利・加害目的及び会社財産上の損害の発生は必要なく、刑罰は5年以下の懲役または500万円以下の罰金に処せられます。

③利益供与罪　総会屋の根絶を目的として創設されました。取締役、監査役、その他の使用人等が、株主の権利行使に関して会社または子会社の計算で財産上の利益を人に供与する行為、並びに、取締役等に、自己もしくは第三者に利益を供与させまたは要求した者の行為を利益供与罪とします。供与した者および供与を受けた者に3年以下の懲役または300万円以下の罰金が科されます。供与を受けた者が、威迫を用いて利益を供与させまたは要求した場合には、5年以下の懲役または500万円以下の罰金に処せられます（970条）。

第Ⅵ章

企業結合、解散・清算

株式会社は、合併や会社分割、株式交換などを行うことができます。その場合、会社法が定める複雑な手続きを遵守しなければなりません。現在のわが国では、親子会社の問題やコンツェルンに帰属する株式会社の問題が重要です。

81 合併総論

複数の会社が結合して1つの会社になることです。

合併とは、複数の会社が会社法上の合併手続を経て結合することにより、1つの会社になることです。株式会社どうし、合名会社どうしの合併のほか、株式会社と合名会社の合併なども認められます。

　会社法は、合併について、合併自由の原則を認めています（748条）。合併には、吸収合併と新設合併の2種類があります。吸収合併とは、合併後に存続する会社と合併後に消滅する会社とが行う合併です。前者を存続会社と呼び、後者を消滅会社と呼びます。消滅会社は2社以上でもよいとされています。新設合併とは、合併を行う全ての当事者である会社（当事会社）が合併により消滅し、合併により新しい会社（設立会社）が1社だけ成立します。なお、実際には新設合併はほとんど行われていません。

　吸収合併では合併契約上の効力発生日に以下の効力が生じます。①合併当事会社のうち消滅会社が解散します（471条4号）、②消滅会社は清算手続なしに消滅します（475条1号）、③合併の効力発生により、消滅会社の全ての権利義務が包括承継により存続会社に承継されます（750条1項）、④消滅会社の株主は、消滅会社の株式を失う見返りに、存続会社から合併契約所定の合併対価（存続会社の株式、社債、新株予約権、新株予約権付社債、金銭またはその他の財産）の交付を受けます。存続会社から合併対価として存続会社の株式の交付を受ければ、消滅会社の株主は合併後に存続会社の株主になります。

　なお、合併対価の柔軟化については、コーヒーブレーク（64ページ）をご覧下さい。

合併のパターン

新設合併

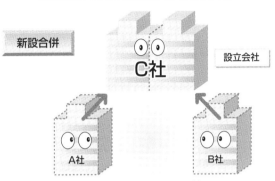

設立会社

A社とB社が合併して、新たにC社となる。

吸収合併

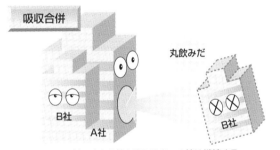

丸飲みだ

A社の中にB社を取り込む。A社は継続する。

新設合併が行われない理由

①発行する新株券の枚数が多く、手間と費用がかかる。
②登録免許税が、吸収合併の場合（増本の増加額について課される）に比べ多くかかる（設立会社の資本額について課される）。
③営業等についての各種許認可が、原則として、新設合併では全ての当事会社について消滅してしまう。

181

82 吸収合併

合併後に存続する会社と合併後に消滅する会社が行う合併です。

吸収合併では、まず当事会社の代表取締役間の話合いを経て、取締役会で合併契約が作成され、その合併契約が各当事会社の株主総会において特別決議により承認されなければなりません。また、会社債権者保護の手続きや少数株主保護の手続きを履行しなければなりません。

　吸収合併の各当事会社は、合併契約所定の効力発生日の前日までに株主総会で合併契約を特別決議により承認しなければなりません（783条1項、795条1項、309条2項12号）。各当事会社は合併の効力発生日までに債権者保護手続が終了することを計算して、債権者保護手続を開始しなければなりません。各当事会社は、会社債権者に対し合併につき異議のあるときには一定期間（最短1か月）内に異議を申述できることを示す旨の公告を官報によって行い、また、会社が知っている債権者に対しては各別に同じ内容の催告をしなければなりません（789条、799条）。会社が、官報のほか、定款に定める日刊新聞紙もしくは電子公告で公告を行うときは、各別の催告は不要となります（789条3項、799条3項）。債権者が異議を申述したときは、会社は債務を弁済するか、相当の担保を供するか、または、債権者への弁済を目的として相当の財産の信託の設定を行わなければなりません（789条5項、799条5項）。少数株主保護のために株式買取請求権（785条、797条）、消滅会社の新株予約権者保護のために新株予約権買取請求権（787条）が認められています。存続会社の取締役は、債権者保護手続の経過、合併により消滅会社から承継した重要な権利義務その他合併に関する重要な事項等を記載した書面を、合併の効力発生日から6か月間、本店に備え置かなければなりません（801条3項）。

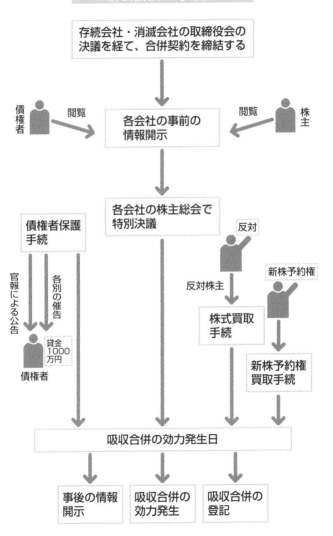

吸収合併の手続き

存続会社・消滅会社の取締役会の
決議を経て、合併契約を締結する

債権者　閲覧 → 各会社の事前の
情報開示 ← 閲覧　株主

各会社の株主総会で
特別決議

反対

反対株主

新株予約権

債権者保護
手続

官報による公告　各別の催告

貸金
1000
万円

債権者

株式買取
手続

新株予約権
買取手続

吸収合併の効力発生日

事後の情報
開示

吸収合併の
効力発生

吸収合併の
登記

83 株式交換

2社以上の会社間で完全親子会社関係をつくる方法です。

本来の株式交換とは、存在している2社以上の株式会社間において、各会社の株主総会の特別決議による承認を経て株式交換契約を締結し実行することにより、一方の株式会社の株主が有するその会社の全ての株式を他方の株式会社の株式と交換するものです。

　会社が存続し続け、個々の株主が株式の交換に反対しても、強制的に相手方会社の株式と交換させられるところに、本来の株式交換制度の特色があります。

　株式交換は、まず、A会社とB会社のそれぞれの取締役会で株式交換契約を作成します（767条）。各会社は、株主への情報開示として、株式交換契約等を内容とする書面を本店に備え置かなければなりません（782条、794条）。各会社は、株主総会の特別決議により、株式交換契約の承認をしなければなりません（783条1項、795条1項、309条2項12号）。株式交換に反対する株主には株式買取請求権、反対する新株予約権者には新株予約権買取請求権が認められています（785条、797条、787条）。なお、合併や会社分割の場合と異なり、原則として、会社の債権者を保護するための会社債権者保護手続はありません。株式交換契約所定の効力発生日に株式交換が実行されます（769条1項）。完全親会社となったB会社及び完全子会社（＝100％子会社）となったA会社のそれぞれは、株式交換の効力発生日から6か月間、株式交換に関する事項を記載した書面を本店に備え置かなければなりません（791条2項、801条3項）。

　なお、対価柔軟化により、現在は、B会社がA会社株主に交付するもの（交換対価）は株式に限られず、金銭等その他の財産も許されます。

B会社が交換対価としてB会社株式を
交付する場合の株式交換を図解する。

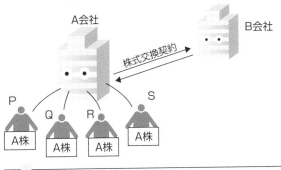

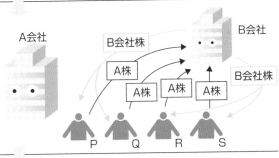

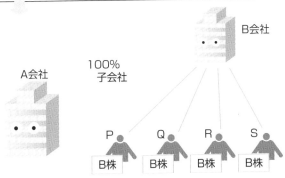

84 株式移転

いきなり完全親会社を設立する手続きです。

> 株式移転とは、完全子会社になることを望むＡ会社だけが存在し、完全親会社となるべきＢ会社が存在していない場合に、Ａ会社のみの手続きにより、完全親会社を設立し、同時に株式交換を行い、既存のＡ会社を新たに設立するＢ会社の完全子会社にするという制度です。

　最初に、Ａ会社の取締役会で株式移転計画を作成します（772条）。Ａ会社は、株主への情報開示として、「新設合併契約等備置開始日」（通常は、株式移転計画の承認を行う株主総会の2週間前）から、株式移転計画の内容等を記載した書面を本店に備え置かなければなりません（803条）。その後、Ａ会社の株主総会において、特別決議により株式移転計画の承認が行われます（804条、309条2項12号）。株式移転に反対する株主には株式買取請求権（806条）、反対する新株予約権者には新株予約権買取請求権が認められます（808条）。なお株式移転では、原則として、株式交換と同様に会社債権者の保護は不要です。その後、Ｂ会社は株式移転を理由とする設立登記をし株式会社として成立します（925条）。株式移転の法律的効果はこの登記の時に発生します（774条）。

　Ａ会社の株主が有していたＡ会社株式は全てＢ会社に移転され、Ａ会社の株主は移転計画の定めに従いＢ会社株式の交付を受けることになります（774条2項）。

　完全親会社となったＢ会社及び完全子会社となったＡ会社は、設立登記の日から6か月間、株式移転に関する事項を記載した書面を本店に備え置かなければなりません（811条2項、815条3項）。株式移転手続に瑕疵があった場合には、株主、取締役、監査役等は株式移転無効の訴えを提起できます（828条1項12号、2項12号）。

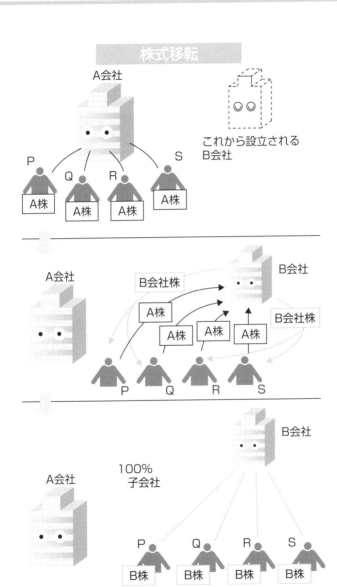

株式移転

A会社

P Q R S
A株 A株 A株 A株

これから設立される
B会社

A会社 B会社

B会社株

A株 A株 A株 A株

B会社株

P Q R S

A会社 B会社

100%
子会社

P Q R S
B株 B株 B株 B株

85 株式交付

親子会社関係を創設する制度です。

株式交付とは、互いに無関係な株式会社どうしから親子会社関係を創設する組織再編行為です。結果として完全親子会社関係（親会社と100%子会社の関係）が創設されることもありえますが、制度としては、たんなる親子会社関係を創設することが目的となります。

株式交付は、ある株式会社が他の株式会社を子会社にするために行われます（2条32の2号）。前者を株式交付親会社、後者（発行済株式総数の過半数を取得される会社）を株式交付子会社といいます（774条の3第1項1号）。このとき、株式交付子会社の株主であって株式交付に反対する株主は、株式交付が実行されても、株式交付子会社に従前のまま株主として留まることができます。株式交付子会社の株主のなかから株式交付計画に従うことを望む株主のみが株式交付親会社に株式を譲渡し、株式交付親会社から対価を受け取ることになります。したがって、株式交付制度を正確に表現するならば、「任意的株式交換」という名称が適切と思わます。

株式交付子会社の株主および新株予約権者側の手続きは、おおむね募集株式の発行手続きに類似し、株式交付親会社側の手続きは、基本的に株式交換における株式交換完全親会社の手続きといえます。株式交付においては、株式交付子会社の株主および新株予約権者は各自の自由意思によって手続きに参加しますから、特にその者達を保護する規定はありません。株式交付子会社においては、株主が有する株式および新株予約権者が有する新株予約権に変動が生じるのみなので、株式交付子会社の債権者を保護する必要は生じません。株式交付親会社の株主および債権者は不利益を被るおそれがあるので、保護するための規定が設けられています。

株式交付

B会社が交付対価としてB会社株式を
交付する場合の株式交付を図解する。

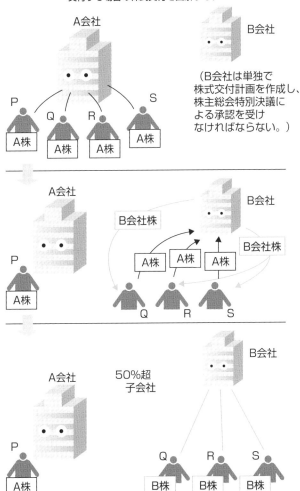

A会社

B会社

（B会社は単独で
株式交付計画を作成し、
株主総会特別決議に
よる承認を受け
なければならない。）

P
A株

Q
A株

R
A株

S
A株

A会社

B会社

B会社株

A株　A株　A株

B会社株

P
A株

Q　R　S

A会社

50%超
子会社

B会社

P
A株

Q　R　S
B株　B株　B株

86 新設分割

事業に関する権利義務の一部等を分離し新会社を設立します。

新設分割計画は分割会社の取締役会で作成され、その新設分割計画が株主総会の特別決議によって承認されなければなりません。また、分割会社は、会社債権者、少数株主及び新株予約権者保護の手続を行わなければなりません。

新設分割を行う分割会社は、取締役会で新設分割計画を作成し（762条）、株主及び債権者への情報開示として、新設分割計画の内容等を記載した書面を本店に備え置きます（803条1項）。その後、株主総会で新設分割計画を特別決議により承認します（804条1項、309条2項12号）。分割会社の債権者は、新設分割後は、新設分割計画の定めに従い、①分割会社の債権者、②設立会社の債権者、または、③分割会社及び設立会社の債権者になります。分割会社は、②の債権者に対し債権者保護手続を行わなければなりません（810条。債権者保護手続の詳細は吸収合併の解説を参照）。

分割会社の少数株主保護のために株式買取請求権（806条）、分割会社の新株予約権者保護のために新株予約権買取請求権（808条）が認められています。

債権者保護手続の終了後、設立会社についての設立の登記がなされた日に、新設分割の効力が生じます（764条）。新設分割においては、効力発生日に、新設分割計画に記載された資産、債務、雇用契約その他の権利義務が、一般承継（＝包括承継）により、設立会社に承継されます（764条1項）。なお、分割会社が、上記①の債権者を害することを知りながら新設分割を行う場合、その債権者は、設立会社に対し承継した財産の価額を限度として当該債務の履行を請求することができます（764条4項）。

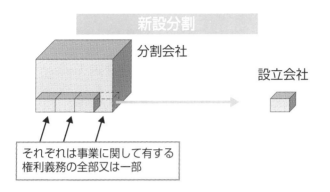

新設分割

分割会社

設立会社

それぞれは事業に関して有する
権利義務の全部又は一部

新設分割の手続

分割会社の取締役会で
新設分割計画を決定する

債権者 —閲覧→ 事前の情報開示 ←閲覧— 株主

債権者保護
手続

官報による公告 / 各別の催告

貸金
1000
万円

債権者

株主総会の
特別決議

反対

反対株主
株式買取
手続

新株予約権

新株予約権
買取手続

設立会社の設立登記

事後の情報
開示

新設分割の
効力発生

87 吸収分割

事業に関する権利義務の一部等を承継会社に承継させます。

取締役会で作成された吸収分割契約に基づき各会社の代表取締役により吸収分割契約の締結がなされた後、その吸収分割契約が株主総会の特別決議によって承認されなければなりません。また、各会社は、会社債権者、少数株主及び新株予約権者保護の手続きを行わなければなりません。

　吸収分割の各当事会社は、取締役会で吸収分割契約を作成し（757条）、株主及び債権者への情報開示として、吸収分割契約の内容等を記載した書面を本店に備え置きます（782条1項、794条1項）。その後、株主総会で吸収分割契約を特別決議により承認します（783条1項、795条1項、309条2項12号）。分割会社の債権者は、吸収分割後は、吸収分割契約の定めに従い、①分割会社の債権者、②承継会社の債権者、または、③分割会社及び承継会社の債権者になります。

　分割会社は②の債権者に対し、承継会社は以前から存在した全債権者に対し債権者保護手続を行います（789条、799条。債権者保護手続の詳細は吸収合併の解説を参照）。各当事会社の少数株主保護のために株式買取請求権（785条、797条）、分割会社の新株予約権者保護のために新株予約権買取請求権（787条）が認められています。債権者保護手続の終了後、吸収分割契約に定められている効力発生日に吸収分割の効力が生じます（759条）。効力発生日に、吸収分割契約に記載された資産、債務、雇用契約その他の権利義務が、一般承継により、承継会社に承継されます（759条1項）。

　なお、分割会社および承継会社が、上記①の債権者を害することを知りながら吸収分割を行う場合、その債権者は承継会社に対し承継した財産の価額を限度として当該債務の履行を請求することができます（759条4項）。

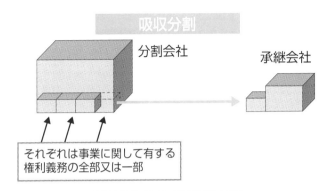

吸収分割

分割会社 → 承継会社

それぞれは事業に関して有する
権利義務の全部又は一部

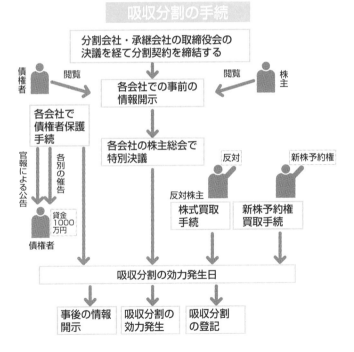

吸収分割の手続

分割会社・承継会社の取締役会の
決議を経て分割契約を締結する

債権者 —閲覧→ 各会社での事前の情報開示 ←閲覧— 株主

各会社で債権者保護手続

官報による公告／各別の催告

貸金1000万円
債権者

各会社の株主総会で特別決議

反対
反対株主
株式買取手続

新株予約権
新株予約権買取手続

吸収分割の効力発生日

事後の情報開示／吸収分割の効力発生／吸収分割の登記

> 吸収合併や吸収分割以外の方法によって事業を他の会社に移
> 転する方法が、事業譲渡です。事業譲渡の場合、その対価は
> 通常は金銭ですが、特に制約はありません。なお、外部から
> 見ると事業形態に変化はなく、そのオーナーのみが交代する
> 場合が多く見られます。

　会社は、吸収合併や吸収分割以外の方法によっても、その
事業を他の会社に移転することができます。それが、事業譲
渡です。かつては営業譲渡と呼ばれていました。

　会社には、単なる財産の集合ではなく、有機的に組織化さ
れた事業が存在します。①事業の全部を他の会社等に譲渡す
る場合、②事業の重要な一部を譲渡する場合、③子会社の株
式の全部又は一部を譲渡しその議決権総数の過半数の議決権
を保有し続けられなくなる場合、④他の会社の事業の全部を
譲り受ける場合、⑤事業全部についての賃貸借契約・事業全
部についての経営委任契約・損益共通契約を締結する場合等
には、株主総会の特別決議による承認を必要とします（467
条、309条2項11号）。事業の全部または重要な一部の譲渡
を行う場合、事業を構成する物権・債権・債務・知的財産権
等は一件ずつ通常の譲渡手続を必要とします。譲渡会社と譲
受会社との特約により、事業を構成する財産の一部を除外す
ることが可能です。合併や会社分割と異なり、特別な債権者
保護の手続はありません。反対する少数株主の保護のための
株式買取請求権はあります（469条）。事業譲渡の場合、そ
の対価は通常は金銭ですが、特に制約はありません。事業全
部の譲渡をした会社は、その後、解散決議をすることも、ま
た、譲受会社から交付された対価を元手に新たに事業を開始
することもできます。

個人から個人への事業譲渡

そば屋の
オーナー

そば屋

そば屋を
買う人

そば屋のオーナーが、そば屋の建物、厨房設備、汁器、テーブル、
仕入先などを一括して売却すること。

会社から会社への事業譲渡

A会社

B会社

A会社が、工場の土地、建物、機械設備、従業員、仕入先、販売先
などを一括して、B会社へ売却すること。

89 株式売渡請求制度

特別支配株主は他の株主から強制的に株式を取得できます。

キャッシュアウトとも言います。特別支配株主は、他の株主が有するところの株式を自己（＝特別支配株主）に強制的に売り渡すことを請求できます（179条1項）。この請求を株式売渡請求といいます（179条2項第1括弧書）。売渡株主（＝売渡請求をなされた株主）は売渡しを拒絶できません。

　特別支配株主とは、総株主の議決権数の90％以上を有する株主を言います（179条1項）。特別支配株主は、①売渡株式の対価として交付する金銭の価額等（総額）、②売渡株主の有する売渡株式についての金銭の割当てに関する事項、③売渡株式を取得する日等を定めて、他の株主に対し、売渡請求をします（179条の2第1項）。

　特別支配株主は、株式売渡請求をする旨および上記内容（①〜③）を会社に通知し、会社の承認を受ける必要があります（179条の3第1項）。会社の承認の後、会社は売渡株主（＝売渡請求をなされる株主）に対し取得日の20日前までに、売渡請求について会社が承認した旨、特別支配株主の氏名・名称・住所、株式売渡請求の内容（①〜③）等を通知します（179条の4第1項）。会社が株主に通知をしたときは、特別支配株主から売渡株主に対して株式売渡請求がなされたものとみなされ（179条の4第3項）、特別支配株主は、取得日に売渡株式の全部を取得します（179条の9第1項）。

　株主を保護する制度が2つあります。第1に、売渡株式の対価等が著しく不当である場合等であって、かつ、売渡株主が不利益を受けるおそれがある場合、売渡株主は、特別支配株主に対し株式取得の差止めを請求できます（179条の7第1項3号）。第2に、売渡株主は、裁判所に売渡株式の売買価格の決定を申立てることができます（179条の8第1項）。

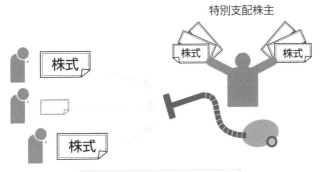

特別支配株主

特別支配株主とは、総株主の
議決権の90%以上を有する株主

売渡株式取得の差止め

既存の株主

特別支配
株主が
{ 法令に違反して
通知等の規定に違反して
著しく不当な対価等で }
売渡株式を取得しよう
とするとき、差し止め
ることができる

90 持株会社

今、流行のホールディングス・カンパニーのことです。

持株会社とは、独占禁止法によれば総資産中に占める子会社株式の比率が50%を超える会社のことを言います。他の会社の株式を保有するだけで何も事業活動をしない会社を純粋持株会社と呼び、株式を保有する一方、自らも事業を営んでいる会社を事業持株会社と呼びます。

　戦前・戦中において軍部や政党との密接なつながりを持った財閥は、日本経済を掌握し、軍国主義の経済的支えになったといわれます。このような苦い歴史の教訓から、長い間、かたくなに純粋持株会社の設立は禁じられてきました（1947年〜1997年）。しかし、諸外国においては持株会社及び持株会社を頂点とするコンツェルンが認められており、持株会社自体は、経営戦略上、有用なものと考えられています。また、日本の企業は否応なく経済のグローバル化に対応していかなくてはなりません。そのため経済界は、持株会社が認められるべきであるとの要求を出し続けていました。そして、平成9年（1997年）に独占禁止法9条が改正され、日本でも、事業支配力が過度に集中することにならない限りにおいて、持株会社の設立が解禁されることになりました（独占禁止法9条1項）。持株会社が解禁されたことに伴い、多くの企業において、企業グループの頂点又は中間段階において、グループ全体ないしは特定の事業部門を管理統括する持株会社（特に純粋持株会社）が設置されています。

　このような持株会社を利用した場合、当然、会社法上様々な問題が生じます。しかし、このような問題は、従来から存在する親子会社の問題と通じるものです。これらの問題については、後の親子会社の項で詳しく説明します。

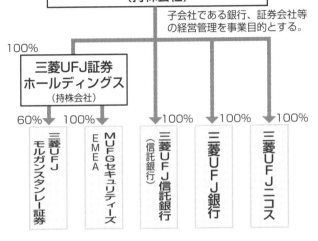

三菱UFJフィナンシャルグループ
（持株会社）

子会社である銀行、証券会社等
の経営管理を事業目的とする。

100%

三菱UFJ証券
ホールディングス
（持株会社）

60%　100%　　100%　　100%　　100%

三菱UFJ
モルガンスタンレー証券

EMEA
MUFGセキュリティーズ

三菱UFJ信託銀行
（信託銀行）

三菱UFJ銀行

三菱UFJニコス

持株会社のメリット・デメリット

メリット	デメリット
・経営の合理化が図れる。 ・低コストによる資金調達が可能になる。 ・子会社の1つが倒産しても他の会社が影響を受けにくい。 ・子会社の取締役は、一般株主による代表訴訟の被告にならない。	・子会社の経営に対する持株会社の権限の限界が不明瞭。 ・持株会社による子会社の利益の搾取の可能性が生じる。 ・子会社に不祥事が生じたり、子会社に損害が発生したときの子会社取締役に対する責任追及が曖昧になりやすい。

親会社の債権者と株主の保護

親会社・子会社を取り巻く利害関係人の保護は重要な課題です。

親子会社関係は、会社法上、様々な問題を生じさせます。「他の会社」によって、株式会社の総株主の議決権の過半数に当たる議決権を有されるところの株式会社を子会社と呼び、その議決権を保有する上記の「他の会社」を親会社と呼びます（2条3号、4号）。

　子会社の経営が悪化したり、子会社が倒産したりすると、親会社が保有する子会社株式の価値が下がります。また、子会社の債務について親会社が連帯保証や物上保証をしていたり、法人格否認の法理が認められたりすると、親会社も責任を負うことになり、親会社の財務状態が悪化します。

　このような場合、親会社の債権者は、原則として、その親会社の財務状態が悪化したからという理由により、子会社の行った決定や法律行為に何らかの干渉をすることはできません。親会社の債権者は、あらかじめ何らかの特約を結んでおくのが賢明といえるでしょう。

　なお、親会社の株主は、親会社の取締役に対し、子会社の取締役に対する監督義務違反の責任と取締役の第三者に対する責任（429条）を追及する可能性が考えられます。

　次に問題となるのは、子会社がブラック・ボックス化され、子会社に何らかの不祥事が生じた場合です。親会社の株主は、親会社の株主総会において親会社の取締役や監査役から子会社に関する説明を求めることができ、さらに、親会社の取締役・監査役の監督監視義務の懈怠の責任を追及することも考えられます。

　子会社の取締役が任務懈怠により子会社に損害をもたらしたとき、親会社の株主がその取締役の責任を追及するための二段階代表訴訟（847条の3）が新設されました。

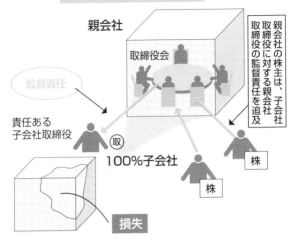

親会社の責任

親会社

取締役会

監督責任

責任ある
子会社取締役

取

100%子会社

株

株

損失

親会社の株主は、子会社取締役に対する親会社取締役の監督責任を追及

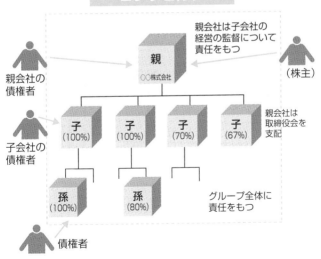

コンツェルン

親会社の
債権者

親
○○株式会社

親会社は子会社の
経営の監督について
責任をもつ

(株主)

子会社の
債権者

子
(100%)

子
(100%)

子
(70%)

子
(67%)

親会社は
取締役会を
支配

孫
(100%)

孫
(80%)

グループ全体に
責任をもつ

債権者

92 多段階代表訴訟（多重代表訴訟）

親会社の株主が子会社の取締役の責任を追及できます。

平成26年会社法改正により、アメリカの会社法にならって、多段階代表訴訟（多重代表訴訟とも言う）制度が新設されました。多段階代表訴訟とは、子会社の取締役等が子会社に損害を発生させたときに、親会社の株主が、子会社に代わって損害賠償責任等を追及する制度です。

　持株会社形態が普及する現代において、多段階代表訴訟制度の新設は社会から必然的に要請されたものと言えます。

　A株式会社（＝100％子会社）の取締役等が、たとえば法令遵守義務など（355条）に違反し、A会社に損害を発生させたとします。この場合、A会社の最終完全親会社等の総株主の議決権の100分の1以上の議決権等を、6か月前から引き続き有する株主は、A会社の責任ある取締役等に対し損害賠償責任を追及する訴えを提起することができます（847条の3第1項、7項）。

　ここに、「最終完全親会社等」とは、責任追及される取締役等が所属する100％子会社の完全親会社である株式会社であって、その完全親会社にはさらなる完全親会社がないもののことです（847条の3第1項第2括弧書）。

　多段階代表訴訟による責任の追及は、責任の原因となった事実が生じた日において、最終完全親会社等が保有する当該100％子会社の株式の帳簿上の価額が、当該最終完全親会社の総資産額の5分の1を超える場合に限られます（847条の3第4項）。

　訴訟費用については、通常の株主代表訴訟と同様に、民事訴訟費用法4条2項が適用され（847条の4第1項）、現在のところ、1万3000円となります。

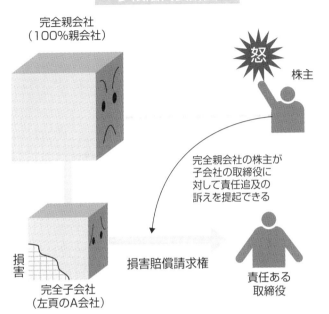

多段階代表訴訟

完全親会社
（100％親会社）

株主

完全親会社の株主が
子会社の取締役に
対して責任追及の
訴えを提起できる

損害賠償請求権

責任ある
取締役

損害

完全子会社
（左頁のA会社）

　多段階代表訴訟は、アメリカ合衆国においては100年以上も前から認められています。1879年のカンザス州最高裁判所の判決が最初ですが、1917年にニューヨーク州最高裁判所が二段階代表訴訟を認めてから急速に普及しました。アメリカの会社法では、原告となる株主に一定数の株式を持つことを要件としていません。

親会社が子会社の取締役になんらかの影響を及ぼし子会社に損害を生じさせた場合、子会社の債権者または子会社の少数株主は一定の要件が揃えば、子会社の取締役、親会社、親会社の取締役等に対して責任を追及できます。

子会社が親会社の100％子会社ではなく、子会社に少数株主が存在しているとします。そして、親会社が子会社の取締役を操り、子会社に損害を生じさせた場合を考えます。

このような場合、子会社取締役が、親会社からの何らかの影響を受けた結果として、法令・定款違反、忠実義務違反、または、経営判断の原則によっても保護されない善管注意義務違反に当たる行為を行った場合、子会社の少数株主は株主代表訴訟により子会社取締役に対してその責任を追及することが可能です。問題は、子会社の少数株主が、さらに、親会社及び親会社の取締役に対して責任を追及できるかです。この問題を解決するために、①親会社を子会社の事実上の取締役とみなして、取締役に課される責任規定を親会社に適用する理論、②120条の定める利益供与禁止規定を親会社に適用する理論、③親会社の取締役に債権侵害に基づく不法行為責任を認める理論等が考えられています。

子会社の債権者はどのように保護されるのでしょうか。子会社の債権者は、子会社の取締役に対して取締役の第三者に対する責任（429条）を追及できます。さらに、親会社の取締役に対しても同じ責任（429条）を追及でき、また、要件が揃えば法人格否認の法理によって親会社の責任を追及できます。

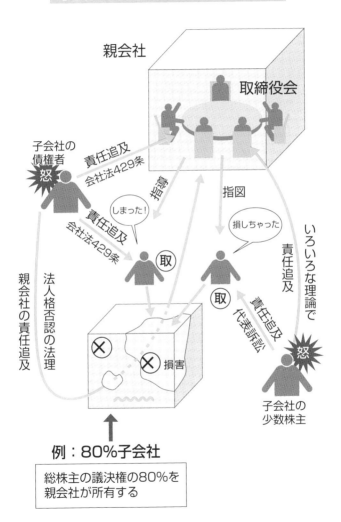

子会社の債権者と少数株主の保護

親会社

取締役会

子会社の
債権者
怒

責任追及
会社法429条

指導

指図

責任追及

いろいろな理論で

しまった！

責任追及
会社法429条

損しちゃった

取

取

親会社の責任追及

法人格否認の法理

責任追及
代表訴訟

損害

怒

子会社の
少数株主

例：80%子会社

総株主の議決権の80%を
親会社が所有する

94 解散・清算

会社は解散しても清算目的の範囲内で存続するものと考えられます。

株式会社は、6つの解散事由のいずれかが生じた場合には解散しなければなりませんが、解散しても直ちに消滅するわけではなく、清算の目的の範囲内で存続するものとみなされます。ただ、合併の場合には清算手続は行われず、破産の場合には破産手続が開始します。

株式会社が解散する解散事由は、①定款で会社の存続期間を定めたときはその満了（471条1号）、②定款で会社の解散事由を定めたときはその事由の発生（471条2号）、③株主総会の特別決議による解散（471条3号、309条2項11号）、④会社の合併（471条4号）、⑤会社の破産手続開始決定（471条5号）、および、⑥会社に対する解散を命ずる裁判の確定（471条6号）です。解散を命ずる裁判としては、824条1項に定める解散命令や833条1項に定める少数株主の請求により判決として言い渡される裁判所の解散判決があります。株式会社は解散しても直ちに消滅するわけではなく、清算の目的の範囲内で、清算が結了するまで存続するものとみなされます（476条）。

なお、6つの解散事由のうち合併と破産は特別です。合併の場合、合併の効力の発生とともに消滅会社は存続会社または設立会社に吸収されます。破産の場合、破産手続開始決定の後には破産管財人が選任され、破産手続に移行します。合併および破産のいずれの場合も、解散後に清算手続が行われません。株主総会の特別決議による解散としては、2002年4月26日の雪印食品株式会社の例が有名です。

会社が解散すると、会社は清算を目的とする清算株式会社になります（476条）。清算会社では、清算人によって、現在の業務の結了、債権の取立て、債務の弁済、残余財産の分配が行われます（481条）。

定款に解散事由を定めた場合

（例：金鉱を掘り尽くしたら解散）

合併で消滅会社となる場合

破産した場合

裁判所の解散命令・解散判決

株主総会での解散決議

特別決議により解散

例：経営の見通しが
立たないため解散

柴田 和史（しばた・かずふみ）

東京都生まれ。東京大学法学部卒業、東京大学大学院法学政治学研究科博士課程修了。法学博士（東京大学）。現在、法政大学大学院法務研究科（法科大学院）教授。元法政大学法科大学院研究科長。現在、厚生労働省・中央労働委員会公益委員（通算5期10年目）。弁護士。これまでに、旧司法試験委員、新司法試験委員（通算11期）、合併・分割に関する商法研究会（経産省）座長、持株会社の設立に関する商法研究会（経産省）座長、企業統治に関する商法研究会（経産省）座長などを歴任。『会社法詳解〔第2版〕』（商事法務、2015年）、『類型別中小企業のための会社法〔第2版〕』（三省堂、2015年）、『デイリー六法』（共編、三省堂、2020年）、『一般社団（財団）法人法逐条解説』（共編著、法政大学出版局、2020年）、『会社法の実践的課題』（共編著、法政大学出版局、2011年）、『現代会社法入門〔第4版〕』（共著、有斐閣、2015年）など著書多数。

日経文庫1944

ビジュアル
図でわかる会社法

2014年12月15日	1版1刷
2021年 1 月15日	2版1刷
2023年 3 月20日	4刷

著　者	柴田和史
発行者	國分正哉
発　行	株式会社日経BP 日本経済新聞出版
発　売	株式会社日経BPマーケティング 〒105-8308　東京都港区虎ノ門4-3-12
印刷・製本	広研印刷
装丁	尾形 忍（Sparrow Design）
イラスト	加納徳博

ISBN 978-4-532-11944-7
© Kazufumi Shibata, 2014

Printed in Japan